Daniel Prévost

AUTOBIOGRAPHIE DE MOI PAR MOI

le cherche midi

Vous pouvez consulter notre catalogue général
et l'annonce de nos prochaines parutions sur notre site :
www.cherche-midi.com

92, avenue de France
75013 Paris

Création graphique : Justine Dupré
Dépôt légal : mai 2022
ISBN : 978-2-7491-7376-4

1

Entre deux éclats de rire, j'ai travaillé d'arrache-pied

À bien y réfléchir, j'aurais voulu être Gandhi, ou Mère Teresa, ou sœur Emmanuelle, ou le dalaï-lama, mais malheureusement je ne fus pas élu par le Créateur de la Création qui décida, sans me demander mon avis, que cette créature ne servirait à rien si ce n'est à faire rire, sourire, mais jamais gratuitement.

Je naquis un mois et demi après que la France eut déclaré la guerre à l'Allemagne nazie, en octobre 1939. Ce fut cette année-là, le plus beau jour d'octobre, le 20, vers vingt heures, paraît-il, que je poussai mon premier cri en sortant du ventre de ma mère et que l'infirmière me donna ma première fessée. Et un homme du nom de « Séjourné » déclara ma naissance deux ou trois jours plus tard à la mairie de Garches, charmante petite ville de la banlieue ouest de Paris.

Je ne sais pas qui était cet homme et je n'ai jamais cherché à le connaître des années plus tard. Eut-il des descendants ? En reste-t-il ? Ont-ils entendu parler de moi ? Oui, j'espère ! Car j'ai tout fait pour sortir de la clandestinité que je craignais et pressentais.

J'y suis arrivé grâce à mon absence d'intelligence comblée par mes dons du « n'importe quoi » qui me suivit toute ma vie. Quand j'écris « n'importe quoi », cela signifie : « ma parole », bien sûr.

Et en écrivant cela, je me rappelle qu'un copain m'avait dit lors d'un Salon du livre : « Moi, je ne sais rien faire d'autre qu'écrire des bouquins, et une soupe d'orties de ma région, c'est tout ! » En effet, il avait publié plus de trois cent cinquante livres ! Je pensai : « Je pourrais faire la même chose en écrivant n'importe quoi. »

Ce que je vais faire de ce pas : laisser vagabonder mon imagination sur chaque idée qui envahirait mon cerveau, mon esprit, ma matière grise, mon cervelet, mon hypophyse. Tous ces organes que je ne verrai sans doute jamais. Sauf bien sûr si je réussis à trouver le moyen de m'opérer ou de me faire opérer ! Comme dans cette nouvelle de Roald Dahl (*L'Homme au parapluie*) où un homme sous l'influence d'un chirurgien fou fut opéré et termina son existence avec un seul œil dans un bocal tel un poisson rouge. Mais bien sûr il faut trouver le bon chirurgien ! Et un bon chirurgien ne se trouve pas sous le pied d'un cheval.

Ou alors, a contrario, cesser d'écrire pour le plus grand bonheur de mes nombreux lecteurs qui festoieraient en pensant : « Enfin, nous voilà débarrassés de cet inutile et nuisible personnage qui n'a rien inventé au cours de sa vie et qui coûta tant d'argent à la Sécurité sociale ! En effet, si l'on scrute sa carte Vitale, c'est une décharge qui déborde de partout : diabète, mais bête ! Et sournois en plus ! Tension, hypertension, surtension, sous-tension ! Combien de grippes, d'éternuements, de bronchites, d'angines, d'abcès dentaires, d'ongles incarnés, désincarnés, de carotides bouchées puis débouchées. »

« Ah ! Je ne suis pas un perdreau de l'année ! », comme disait mon oncle Gabriel qui allait gaiement sur ses 100 ans dans son fauteuil roulant tiré par un chien de traîneau. Il respecta le Code de la route, et ne dépassa jamais dans sa vie les cent vingt kilomètres heures sur le périphérique.

Il n'empêche : entre deux maladies graves et non graves, entre deux éclats de rire, j'ai travaillé d'arrache-pied.

Je fis mon entrée dans la profession dans laquelle j'ai évolué. Évolué n'est pas le mot juste, je le reconnais, car, au point de vue intellectuel, je suis resté au bas de l'échelle ; j'en suis d'ailleurs ravi, car monter plus haut, m'aurait donné le vertige tant je suis délicat. Je choisis donc ce métier dont j'ignorai les règles que de toute façon je n'aurais pas respectées, mais fidèle au fond de moi à cette expression qui me colle à la peau et qui me va si bien : électron libre je suis, électron libre je resterai ! Cette introduction étant ce qu'elle est, c'est-à-dire inutile mais elle expose bien le sujet du livre, je vais donc raconter quelques anecdotes hilarantes dont je fus soit le témoin soit l'impulseur !

En voici les preuves, elles sont nombreuses et je n'en oublierai aucune ! Courage à tous et à toutes !

2

« Tu le savais, toi, que j'étais Daniel Prévost ? »

Les faits que je vais rapporter sont réels et inutiles mais si drôles pour ceux qui comprendront, et je sais qu'ils sont nombreux. Voici le premier de mon catalogue.

La scène représente une salle de maquillage où je suis assis dans un fauteuil entre les mains d'une maquilleuse qui me maquille avec délicatesse. Je dois interpréter un personnage dans le film de Philippe Lioret, *Tenue correcte exigée.* Mon partenaire sera mon grand copain Jean Yanne ; nous savons que chaque jour l'un des deux lancera la première réflexion qui provoquera l'hilarité de l'autre et vraisemblablement la riposte qui devra être, elle, aussi désopilante que la première !

Jean arrive dans la salle de maquillage, son regard est circulaire, donc il devrait me voir ! Or, rien ne se passe, aucun mot ne sort de sa bouche, il m'ignore... Cela dure au moins deux minutes, et deux minutes sans parler, de la part de Jean, c'est inquiétant. Alors n'y tenant plus, je commence, toujours assis dans le fauteuil de la maquilleuse très absorbée, qui doit en être à ce moment à la troisième couche de fond de teint sur mon visage, ma voix sort la première phrase, et tournant légèrement mon fauteuil et ma tête vers Jean qui fait semblant de rien et fait les cent pas dans la salle, toujours en m'ignorant. Commence alors la guerre des mots :

Moi : « Mais tu le savais, toi, que j'étais Daniel Prévost, non ? »

Réponse dubitative de Jean Yanne : « Je le savais, je le savais, oui, on me l'avait dit ! »

Moi, insistant : « Mais qui c'est qui te l'avait dit ? »

Réponse cinglante de Jean : « Je sais pas, moi, quelqu'un dans la rue ! »

Voilà quelques phrases à méditer, sorties du néant, qui ne signifient rien et qui y retourneront mais resteront gravées en moi à jamais. Cela afin d'habituer le lecteur à l'absurdité qui régnera au cours du livre !

Je fis mes premiers pas vers 18 ans sur scène à un gala du *Monde libertaire* qui avait lieu au Moulin de la Galette. Avant de monter sur scène, je rencontrai derrière le rideau Georges Brassens et Jean Yanne qui écrasa de son pied son mégot. Je les saluai, timide, et je fus annoncé par Suzy Chevet, la compagne de Maurice Joyeux, le secrétaire de la Fédération anarchiste. Je chantai une chanson antimilitariste, je crois, dont je ne me souviens plus des paroles, et je fis un triomphe.

J'ai eu la chance aussi de rencontrer et d'entendre Boby Lapointe, et quand j'écris entendre, c'est le mot le plus juste ! Nous étions en 1962. C'était au cabaret Le Cheval d'or derrière le Panthéon où j'ai d'ailleurs réservé ma place puisque je me considère comme un grand homme. (Ne dit-on pas : « Aux grands hommes la patrie reconnaissante » ? Et puisque l'on me reconnaît dans la rue, je suis un grand homme j'ai donc ma place au Panthéon ! Logique, non ?) Le spectacle de ce cabaret dans lequel je fis mes débuts avec des chansons cocasses commençait vers vingt-trois heures. Monsieur Léon, le très sympathique patron, donnait le top pour commencer le spectacle dès que les clients noctambules étaient au nombre de six, en espérant que d'autres retardataires arriveraient. Nous attendions, nous, les artistes, assis sur des bancs, devant le rideau rouge de la scène.

Je me souviens de Roger Riffard avec lequel je sympathisai très vite tant il était sympathique et avec lequel j'écrivis quelques chansons, avec la collaboration de mon ami Claude Cagnasso qui dirigeait parfois son grand orchestre de jazz, et qui donnait aussi des cours à l'école de jazz, à Pigalle. Quant à Boby Lapointe, c'était un homme délicieux, nul ne le contestera. Avec ses chansons drolatiques et poétiques à la fois, les spectateurs du Cheval d'or s'envolaient d'une réalité peu rose comme à chaque époque, mais la spécialité de Boby consistait en ceci : certains soirs, Boby, peut-être distrait, ou légèrement gris, attaquait son tour de chant énergiquement, accompagné au piano par un ou une pianiste, rattrapant parfois les accords si Boby accélérait le tempo selon son humeur. Bref, la chanson s'achevait, les applaudissements crépitaient et tout à coup, on entendait les accords d'une nouvelle chanson ! Mais Boby, distrait, enchaînait, vraisemblablement peu soucieux des accords, et rechantait la chanson qu'il venait de terminer et, deux vers plus tard, il s'arrêtait net et disait, étonné : « Mais je l'ai déjà chantée, celle-là ! » sous les rires de son public, ravi. Je suis sûr qu'il ne le faisait pas exprès.

Et parfois, il faisait un écart digestif sans le vouloir bien sûr, et nous autres qui attendions en coulisses de faire notre numéro de chanteurs ou de chanteuses, nous l'entendions roter dans le micro, mais il ne s'attardait pas sur l'incident qu'il devait considérer comme mineur, ou peut-être ne s'en apercevait-il pas, et il continuait avec encore plus d'énergie jusqu'à la fin de la chanson. C'était le triomphe assuré chaque soir.

Ce cabaret fut le tremplin de nombreux artistes, chanteurs, diseurs comme Maurice Maguelon que l'on présentait sous le pseudonyme de « Petit Bobo » malgré sa corpulence et qui commençait ses histoires par : « À cette époque-là, j'étais tout petit… »

Avec son délicieux accent de Villeneuve-lès-Maguelone, il charmait son public. Tous les copains et copines que je croisais avaient du talent, puis au fil des années je ne les revis plus, la vie nous sépara puisque c'est son métier. Mais je ne puis raconter quelques moments hilarants de ma vie sans mentionner l'existence de notre ami poète et acteur, Roger Riffard, dont la courte existence laissa des chefs-d'œuvre de chansons et deux magnifiques romans : *La Grande Descente* et *Les Jardiniers du bitume*, ainsi que plusieurs apparitions au cinéma…

Les quelques camarades dont j'ai brièvement évoqué les noms sont gravés chaleureusement dans ma mémoire. Lorsque j'évoque cet endroit Le Cheval d'or, je rajeunis de soixante années, et mes souvenirs sont intacts. Je dois citer aussi la chanteuse Lise Médini qui un jour chanta une chanson dont un vers claqua dans ma tête en feu, je cite : « Le soleil se couche sur la Kabylie. »

Je ne l'ai jamais oublié. C'était un signe de mon destin et j'ignorais que j'aurais encore beaucoup de chemin à parcourir afin que je voie le soleil se coucher sur cette Kabylie qui attendrait mon retour quelques dizaines d'années plus tard. Mon retour ou ma re-naissance…

Et je n'oublie pas Anne Sylvestre qui chantait, de sa voix chaude, ses chansons dont j'ai toujours pensé qu'elles nous venaient d'un autre temps que le nôtre. Est-ce parce qu'une de ses premières chansons qu'elle chanta à L'Olympia fut « Les Cathédrales » ? Peut-être. Toutes ses chansons étaient magnifiques. Le mot est faible, j'en trouverai un autre.

Ainsi, je passai mes premières épreuves de comique troupier sans uniforme, je venais d'être réformé.

Je commençais mon numéro par ces mots : « Voici, pour ma première série d'adieux au music-hall… »

J'avais 22 ans !

C'était une belle entrée dans la jungle des artistes qui tous souhaitaient devenir des rois.

C'est à la même époque que le génie de la télévision, Jean-Christophe Averty, engagea pour la première partie d'un spectacle qu'il mit en scène à L'Alhambra, grand music-hall de l'époque, quelques garçons à la personnalité débordante de drôlerie mystérieuse. En seconde partie du spectacle, Jean Ferrat apparaissait sous des applaudissements frénétiques devant un public déjà conquis. Des cars entiers ! Jean Ferrat, je le voyais arriver, simple, avec un cartable à la main.

« Tu le savais, toi, que j'étais Daniel Prévost ? »

Je le saluais d'un : « Bonjour, monsieur » et il me répondait : « Bonjour, ça va ? », et il montait dans sa loge pour se préparer. Fin de conversation. Je me souviens aussi d'un grand homme, jazzman, Memphis Slim, avec lequel j'échangeai quelques propos mais la conversation était difficile, car il ne parlait pas français et, quant à moi, mon anglais était dans l'échelle de valeur en dessous de zéro. Mais nous nous saluions chaque soir par un « Hello ! » chaleureux. Je rappelle que Jean-Christophe était grand spécialiste du jazz à l'ORTF et qu'il avait une émission dont le titre était *À vos cassettes !* Il cherchait et retrouvait de rares morceaux de jazz, et faisait l'historique des musiciens et des années d'enregistrement.

À L'Alhambra, il n'y avait pas que des numéros sérieux. Au programme, deux sœurs déjà âgées, dont le nom de scène était « Les Sœurs Rosio », Ita et Emma de leur prénom, qui avaient été découvertes ou dénichées par Jean-Christophe. L'une chantait accompagnée au piano par sa sœur. Elles devaient avoir au moins 70 ans, et celle qui chantait avait la voix chevrotante mais elle chantait juste ; quant aux chansons, c'étaient des chansons dramatiques parlant de volcans, de tremblements de terre, d'amour malheureux, que sais-je encore ! Le public, qui ne s'y trompait pas, sifflait chaque soir leur prestation et criait : « Encore ! Encore ! »

Ces dames prenaient cela pour des encouragements et, heureuses, débordaient d'énergie. Tandis que nous autres, en coulisses, venions chaque soir les voir et entendre ces chanteuses surprenantes. Nous pouffions de rire et, comme le public de la salle, nous criions : « Bravo ! Encore ! »

Or, un soir, un camarade machiniste eut une idée géniale : accrocher une corde à un pied du piano que l'on tirerait des coulisses au côté opposé au moment précis où la pianiste prendrait place sur son siège afin d'accompagner sa sœur.

Ce qui fut fait à la dernière représentation. Entrée des deux artistes. Applaudissements. La sœur chanteuse se dirige vers le micro tandis que la sœur pianiste s'assied sur son siège afin d'accompagner sa sœur. Premier accord... Rien ne se passe. La chanteuse chevrote largement à la grande joie des spectateurs. Deuxième accord, l'incident éclate. Au moment où la voix de la chanteuse monte dans l'aigu, un de nos camarades machiniste, de la coulisse, tire sur la corde attachée au piano, si bien que la sœur pianiste, surprise, est obligée de se lever et de déplacer son tabouret afin de continuer à accompagner sa sœur qui ne s'aperçoit de rien, continuant à chanter sous les encouragements des spectateurs qui crient toujours : « Bravo ! Une autre ! » D'autres lancent : « Une autre chanteuse ! »

Alors, ces dames comprennent enfin et la sœur qui chante s'arrête et dit tout à coup : « Mais c'est une cabale ! C'est une cabale, ma sœur ! », pendant que le piano est toujours tiré discrètement vers les coulisses, suivi de notre accompagnatrice qui, déplaçant toujours le tabouret, crie : « Rideau ! Rideau ! C'est une cabale ! Sortons, ma sœur ! Sortons ! »

Elles firent un triomphe.

Modeste ? Je ne m'en souviens pas.

Quand on est un jeune comédien et que votre professeur est aussi metteur en scène et directeur de son théâtre avec son épouse, cela vous permet de jouer un rôle de petit marquis, celui d'Acaste dans *Le Misanthrope*, du célèbre Molière. Les décors et les costumes superbes étaient de Leonor Fini, j'exultais ! Et comme j'avais déjà auparavant été engagé par lui-même, dans une pièce de Tirso de Molina, *Le Timide au palais*, adaptée par François Billetdoux, je me disais : « Je vais demander une augmentation, c'est un beau rôle. »

Je sollicitai donc un rendez-vous à la directrice qui m'aimait bien et voici le compte rendu de l'entretien :

« Bonjour, madame la directrice…

— Bonjour, mon petit Prévost ! Alors ça va les répétitions, hein ? Mon mari est très content de vous ! Et puis vous avez un très beau rôle, Acaste, c'est superbe, non ?

— Oui, madame, je suis gâté, je l'avoue !

— Ce sera un très beau spectacle et mon mari sera formidable dans le rôle d'Alceste, non ?

— Oui ! Oh oui ! répondis-je ! »

Je saisis le moment pour murmurer : « Comme c'est le deuxième spectacle que je joue dans votre théâtre, je pensais que je pourrais avoir une petite augmentation sur mon cachet ! »

La réponse de madame la directrice fut immédiate et tranchante : « Mais mon petit Prévost ! Vous n'y pensez pas ! Vous avez vu les costumes que vous avez sur le dos ? Les étoffes sont splendides, et votre chapeau à plumes et les dorures ! Et les fils d'or cousus sur votre costume ! Mon petit Prévost, je voudrais bien vous augmenter, mais là, c'est impossible, vous vous rendez bien compte, non ? Pour le prochain spectacle ce sera peut-être possible ! On verra ! Allez ! Jouez bien, mon petit Prévost ! »

Mon petit Prévost se leva de sa chaise et sortit en claquant la porte. Pas trop fort, c'était quand même la porte de la directrice !

Mais la lutte des classes avait commencé.

3

L'amuseur amusé

Pendant quelques années, j'ai travaillé à RTL avec mon ami Michel Drucker qui animait son émission *La Valise*. Les auditeurs devaient découvrir la somme que contenait cette fameuse valise. Je donnerai juste un exemple : pendant l'émission de Michel, nous parcourions la France et, ce jour-là, nos pas nous conduisirent à Rouen.

Ce que je raconte est véridique, aucun mensonge de ma part, pour une fois… Michel prenait l'antenne vers dix-sept heures jusqu'à dix-huit heures trente et nous allions de point de rendez-vous en point de rendez-vous, que nous avait pris auparavant l'assistante de Michel dans les villes où nous passions. Nous pouvions rencontrer différentes personnalités intéressantes ou non, parfois souvent des crétins qui acceptaient ou non de dire quelques mots au micro que Michel leur tendait.

Je me souviens surtout d'un petit vieux qui nous montra avec empressement sa collection de pierres de lune et d'autres, dans la cour de son immeuble. Michel, comme toujours, sembla intéressé et posa des questions à ce petit vieux qui nous dit à la fin de l'interview : « Vous reviendrez, n'est-ce pas ? »

Il nous attend encore, mais il a dû rentrer ses pierres qui encombraient la cour de son immeuble. Cependant, voici le souvenir le plus émouvant de ce voyage à Rouen : c'était pendant la longue grève des postes et Michel voulut déambuler vers la fin de son émission, dans les rues, pour rencontrer un dernier client susceptible de donner la somme exacte contenue dans cette valise magique. La nuit était tombée et Michel décida d'entrer dans un immeuble vétuste mal éclairé. Il frappa par hasard au premier étage. Une porte s'ouvrit, une dame âgée nous regarda, reconnut Michel et dit : « C'est pour la valise ? J'étais en train de vous écouter ! Ça alors ! »

Michel dit : « Bonsoir, madame, pouvez-vous me dire le chiffre exact que contient la valise RTL ? »

La dame dont les mains tremblaient annonça d'une voix mal assurée le chiffre exact et Michel répondit simplement : « Bravo, madame, vous venez de gagner le contenu de la valise ! »

La dame s'assit, tremblante d'émotion et dit : « Merci ! Oh ! Merci ! Je n'avais presque plus d'argent, oh merci ! À cause de la grève des postes, j'attendais un mandat qui ne venait pas. »

Les journalistes, alertés, accoururent pour faire quelques photos portraits de la gagnante et demandèrent à la dame ce qu'elle ressentait. Puis, Michel et moi, nous nous effaçâmes discrètement en souhaitant bonne chance à cette dame. Un des plus beaux souvenirs de radio avec Michel !

Me reviennent à nouveau quelques-unes de mes répliques qui fusèrent du temps où je travaillais avec lui. Ainsi, Michel rencontra le temps d'une émission le ministre Alain Peyrefitte à Provins, sa ville. L'émission se passa bien. Le ministre était on ne peut plus sérieux et l'émission avait tendance à s'endormir avec des sujets abordés tels que son livre *Quand la Chine s'éveillera...*, remarquable ouvrage, détaillé, analysé, commenté par Michel. C'est alors que me vint l'idée de demander au ministre :

« Monsieur le ministre, pardonnez-moi de vous poser cette question, mais quelque chose m'intrigue.

— Quoi donc ?, demanda le ministre.

— Vous avez toujours eu ces grandes oreilles ? »

Michel toujours à l'affût de mes bêtises enchaîna vite sur une question relative à son œuvre, mais je sentis le regard du ministre peser sur moi... Il dut penser : « Mais qui est ce crétin qui s'occupe de mes oreilles ?

Est-ce que je lui demande si sa grand-mère fera du vélo quand la Chine s'éveillera ? »

Un autre jour, Michel pour son émission sur RTL obtint un rendez-vous avec le comte de Paris, et pendant l'interview je réveillai mon esprit d'à-propos et demandai : « Monseigneur, savez-vous quelle est la différence entre un crocodile et un alligator ? »

Monseigneur le comte de Paris réfléchit un instant et dit : « Non, je ne vois pas ! »

Je répondis fièrement : « Eh bien, monseigneur, c'est "caïman" la même chose ! »

Alors, monseigneur dit dans un demi-sourire : « C'est très amusant ! »

Je pensais à ce moment que la royauté avait du bon, en tout cas de l'esprit.

Je me souviens aussi d'un cadeau magnifique qui me fut donné dans un lieu magique ! J'en ai les larmes aux yeux en y repensant. Nous avions un rendez-vous, Michel et moi, avec une grande propriétaire qui possédait de nombreuses vignes dans le Bordelais, un vin d'une renommée mondiale. Michel devait interviewer cette dame et visiter les chais magnifiques. Ce que nous fîmes. J'étais émerveillé par ces endroits que je voyais pour la première fois de ma vie. Nous marchions à travers ces chais où je contemplais les bouteilles bien rangées, d'une absolue propreté. Nous sentions l'arôme de tout le vin autour de nous. Je l'ai dit : j'étais émerveillé. Michel aussi sans doute. Il interviewait la propriétaire très sympathique avec beaucoup de sérieux. Moi, j'avais une seule idée en tête : « Va-t-elle nous offrir une bouteille ? À chacun ? » J'en étais sûr. Enfin, l'émission se termina vers dix-huit heures trente. Elle avait duré au moins une heure et demie.

Une heure et demie à parler, à féliciter la propriétaire du lieu, la noble dame, qui nous présenta pour terminer notre rendez-vous une bouteille de 1790, mais ma mémoire me fait peut-être défaut. Un qualificatif me vient : madérisé sans doute ? Enfin vint l'heure de la séparation. J'aurais voulu dire : « Ah ! Ça donne soif, tout ça ! »

Mais aucun son ne sortit de mes cordes vocales.

Arriva le moment que j'attendais depuis le début de l'interview. L'aimable propriétaire dit à Michel : « Au revoir et bravo pour votre émission ; attendez, j'ai un cadeau pour vous ! »

Elle s'éloigna un court instant vers le chai le plus proche, revint et sortit de la poche de sa robe deux enveloppes de taille normale, une pour Michel, une pour moi. Je pensai : « Comme cadeau, c'est un peu léger ? »

Nous nous confondîmes en remerciements sans savoir ce qu'elles contenaient.

La surprise minimale aurait pu être un billet gagnant du Loto !

Mais non ! C'étaient des étiquettes de cuvées d'années différentes ! Sur le moment, nous pensions que c'était vraiment généreux de sa part. Nous remerciâmes notre bienfaitrice. Et nous partîmes. Les étiquettes étaient belles, mais nous comprîmes très vite que les bouteilles de la dame resteraient dans les chais. Aucune n'en sortirait ! Je vivais un cauchemar. Elle nous avait parlé des vignes, des différents ceps, des feuilles de vigne, du moment où l'on devait couper les raisins, des récoltes, à telle époque précisément… Je m'en fichais et c'est peu dire, mais je me souviendrai malgré tout de ces vignes qui s'étendaient à perte de vue et formaient à mes yeux un magnifique paysage. Rentré chez moi, je laissai les étiquettes sur mon bureau dans leur enveloppe, puis, un jour, ne supportant plus leur vue, je décidai de les enfermer à double tour dans une armoire où j'ajoutai quelques boules de naphtaline afin d'effacer l'odeur du vin qui me rendait mélancolique. Plus tard, je les descendis dans ma cave afin qu'elles vieillissent comme des bouteilles,tranquillement à leur convenable température. La généreuse propriétaire aussi sans doute, et je me rassurais en pensant qu'elle ne vieillirait pas seule, entourée de tous ses chais affectueux qui veilleraient sur elle.

Jusqu'à son dernier verre !

Certes, je ne sortis pas victorieux de cette aventure, et comme dit le dicton populaire : « On ne peut pas gagner tout le temps ! »

Je personnalise le dicton en précisant : moi non plus !

Des années plus tard, la télévision me proposa d'animer un jeu qui s'appelait *Anagram* ! J'acceptai, ravi ! Animer un jeu télévisé, je n'avais jamais fait cela.

Je devais poser des questions au public et attendre la réponse, je crois ! C'était simple mais je fus pris de folie créatrice, c'est-à-dire que, présentant cette émission, je me déguisais chaque jour avec une tenue différente : la tenue de Zorro m'allait très bien pour poser des questions culturelles, puis j'enchaînais en citant un poème d'Arthur Rimbaud dont je terminais chaque hémistiche par « gram » ! Exemple : j'avais un casque militaire sur mon crâne et au début de l'émission, je récitais : « C'est un trou de vert gram où chante une rigram... »

Ça ne signifiait rien, mais quelle joie pour moi de faire n'importe quoi ! Une autre fois, j'accrochai à chacune de mes oreilles des petits poissons rouges dans une pochette en plastique et, en fin d'émission, je les donnai à mon assistant qui les replongea dans son aquarium préféré. Mes petits poissons rouges eurent beaucoup de succès puisque je demandai au public, présent mais peu nombreux, de les applaudir. Normal !

Je reçus de nombreuses lettres de téléspectateurs ravis qui m'écrivaient : « Vas-y, Daniel, continue, on adore ! »

Mais d'autres, mécontents, me menaçaient : « Ferme ta gueule, on va te raboter le nez ! »

Toujours lui ! « Que dis-je, c'est un cap, c'est une péninsule ! »

Ça ne vous dit rien ? La production recevait des centaines de lettres qu'elle rangeait dans des sacs-poubelles. Elle en reçut de deux sortes : celles qui me complimentaient et celles qui m'injuriaient. J'avais divisé la France en deux ! Les pro- et les anti-Prévost. Je me donnais de l'importance à ceci près que les anti-Prévost voulaient me faire subir les derniers outrages et me torturer. Les injures étaient violentes et raffinées, avec de nombreux détails. Parfois, je rentrais chez moi avec des paquets de lettres que je m'empressais de jeter, après avoir déchiré celles où étaient décrites les futures tortures immondes que j'aurais à subir si je continuais l'émission, et cela, afin que mon petit garçon ne les lise pas. Pour présenter l'émission, je fouillais dans la malle à jouets et à déguisements appartenant à mon fils, le chapeau de Zorro, coiffes d'Amérindiens dont, à ce moment-là, j'ignorais l'histoire atroce. Mais un jour, j'allai trop loin en toute innocence : je présentai l'émission en toréador avec un plateau sur lequel était posée une tête de veau factice ! Et je dis face à la caméra, avec un petit accent espagnol : « Quérida, regarde ce que yo té apporté por el diné ! »

Tout cela sur une musique accompagnée des *olé* hurlés par des camarades techniciens de l'émission.

C'était trop. La chaîne de télévision décida d'arrêter l'émission trois semaines avant Noël par peur de mes extravagances. La question était sur toutes les lèvres : « Que va-t-il mettre dans la crèche ? »

On ne le saura jamais. Moi non plus. Je ne prévoyais rien. Je me fiais uniquement à mon improvisation et je me régalais à l'avance de ce qui allait sortir de mon cerveau. J'avais préparé : une bûche, une douzaine d'huîtres à côté du bœuf en plâtre, une dinde farcie aux marrons. Que sais-je encore ? Dans la crèche, Joseph, le charpentier, porterait et offrirait une table à langer pour le nouveau-né ? La chaîne, prévoyante, interdit l'émission. Pourtant, j'avais des ressources à venir. Tous les produits frais auraient été offerts, venus de chez les plus grands traiteurs de Paris ou d'ailleurs. Bref, un merveilleux moment de fraternité et d'amour que l'on ne verra jamais. Quant à moi, j'ai mangé la douzaine d'huîtres, la dinde, les marrons et la bûche qui me donna mal au cœur. Je me crus dans mon bain tant elle sentait le savon. Je me suis ensuite allongé sur la table à langer qui s'écroula sous mon poids.

« Une entorse de Noël, rien de grave ! », diagnostiqua le docteur appelé d'urgence. Il ajouta : « Il y en a sept dans le quartier ce soir ! Vous avez sans doute le même pâtissier ! Il vous reste de la bûche ? Je ne vous ferai pas payer la consultation ! C'est Noël, que diable ! Donnez-moi du savon, je vais me laver les mains. »

Je lui offris un bout de bûche.

C'est un Noël que je n'oublierai jamais. Les Noëls sont longs à venir, il faut être patient. Je l'étais.

4

La déconne est (toujours) un état d'esprit

J'ai eu la chance de travailler avec de grands acteurs qui appréciérent ma prétendue loufoquerie, qui me considérèrent comme un être humain et avec lesquels je sympathisai. Tel mon copain Jean Poiret avec qui je tournai le film de Jean Yanne à Rome dans les studios de Cineccità. Un jour, il arriva que Jean Poiret et moi étions assis, juchés est plus juste, sur un éléphant dans la grande cour d'un des nombreux studios. Des figurants devaient passer et repasser devant nous. La journée fut longue, juchés sur cet éléphant, pour les besoins de la scène ce jour-là.

Or, Jean Poiret avait prévenu la production qu'il devait impérativement reprendre l'avion et se trouver à Paris le soir, et donc quitter le tournage vers dix-sept heures au plus tard. Jean Yanne avait, semble-t-il, des difficultés pour régler la scène. Le temps passait et Jean Poiret, assis derrière moi, répétait sans cesse : « Moi, je dois partir à dix-sept heures quoi qu'il arrive, de toute façon ! Ça sera comme ça et pas autrement ! »

Quant à Jean Yanne, il passait et repassait, soucieux de régler des détails invisibles à nos yeux. La journée s'écoulait lentement... Trop lentement pour Jean Poiret qui répétait inlassablement : « Je partirai à dix-sept heures. Je l'ai dit et on verra ce qui va se passer, je m'en fous ! »

Quant à moi, je ne bougeais pas, pressentant une catastrophe à venir. Visiblement, la scène était difficile à régler. Les assistants de Jean Yanne couraient dans tous les sens. Poiret râlait derrière moi, nous étions immobiles tous deux sur l'éléphant qui levait parfois sa trompe, ce qui signifiait peut-être : « Ça va, on a compris, tu l'as déjà dit. »

Aux côtés de l'éléphant, son cornac ne bougeait pas.

Et Poiret qui répétait sans arrêt : « Je vais partir à dix-sept heures, vous verrez ce qui arrivera ! »

Les dix-sept heures sonnèrent silencieusement à la montre de Jean Poiret et Jean Yanne, décontracté, avec son porte-voix disait distinctement : « Attention ! En place, on va tourner ! »

À ce moment-là, j'entendis la voix de Jean Poiret se confesser à voix haute : « Dégonflé ! Je savais que j'étais un dégonflé ! »

Jean Poiret ne descendit pas de son éléphant. Et la scène fut tournée sans incident. Je crus voir la trompe du cornac se lever, pardon de l'éléphant, pour applaudir le courage de mon copain Jean Poiret. Ou peut-être ai-je rêvé ?

Cela se passa bien à Cineccità en 1984 pendant le tournage du film de Jean Yanne, *Liberté, Égalité, Choucroute.*

C'est aussi dans ces studios mythiques de Cineccità que j'ai croisé Federico Fellini. Nous étions, Jean Poiret et moi, à la recherche du bureau de l'administrateur afin de recevoir nos défraiements. Comme nous étions perdus dans les couloirs, nous ouvrions chaque porte et là, surprise, M. Fellini face à nous ! Nous nous sommes excusés et avons refermé la porte immédiatement.

Toujours à Rome, en face de Cinecittà, il y avait un restaurant qui s'appelait Il Curati. J'ai eu la chance de rencontrer le grand Marcello Mastroianni qui y déjeunait. Il me salua d'un signe de la main.

C'est mon copain Jean Yanne qui me confia mon premier petit rôle dans le film de Gérard Pirès, *Erotissimo,* avec Annie Girardot. J'apparaissais comme dessinateur de barboteuses. Qui s'en souvient ? Moi heureusement. Mais j'étais comblé !

Puis un matin le téléphone sonna, mon épouse décrocha et entendit la voix de Jean qui demanda : « Bonjour, il est là le petit asticot ? »

C'était moi, bien sûr. J'étais à la radio RTL en train de faire mes « petites bêtises » pour le compte du redoutable Philippe Bouvard. Ma femme répondit que j'étais absent.

« Dis-lui de m'appeler, j'ai un rôle pour lui ! »

Quand je rentrai chez moi, j'appris la bonne nouvelle et je me précipitai à la production Ciné qua non aux Champs-Élysées où je retrouvai Jean Yanne : « J'ai un rôle pour toi ! Le film s'appelle *Tout le monde il est beau, tout le monde il est gentil.* T'auras le rôle du faux cul, ça t'ira très bien ! »

Je donnai mon accord tout de suite, sans même parler d'argent. À quoi bon ? C'était mon copain, il ne pouvait rien m'arriver. Quand nous vîmes le film, en projection privée, Jean m'invita à dîner chez Castel à Saint-Germain-des-Prés. Nous parlâmes du film et je me rappelle seulement qu'à côté de nous il y avait un jeune couple qui reconnut Jean et entama la conversation. Ils racontèrent qu'ils allaient souvent au Brésil. « Et vous ? » nous demandèrent-ils.

Jean répondit oui, moi, non !...

Jean régla la note. Vint l'heure de se quitter, un peu ronds, ou gris, je ne me souviens plus de la couleur... Dehors, dans mon souvenir, il y avait une palissade qui cachait des travaux et nous décidâmes d'uriner de concert tout en continuant de parler du film. Puis nous nous séparâmes sur un chaleureux : « Allez, salut, faux cul ! », lancé par Jean. Ce fut ma première soirée où je me sentis accepté dans cette profession.

Je me dois de raconter à présent un épisode de ma collaboration avec Jean qui, chaque fois qu'il le put, me distribua dans ses films. C'était l'année 1974, quand il tourna *Les Chinois à Paris*, d'après le roman de Robert Beauvais. Cet écrivain avait anticipé cette suite de l'essai d'Alain Peyrefitte, *Quand la Chine s'éveillera*... Les producteurs avaient décidé de louer pour la promotion du film un ancien train diplomatique, du genre de celui qui servit pour signer l'armistice à Rethondes, le 22 juin 1940 entre l'Allemagne et la France. Ce train dont les wagons étaient en beau bois rustique avait donc été loué à la SNCF, qui, pointilleuse sur les scénarios qu'on lui proposait, accepta le film, et c'est en accord avec elle que les producteurs décidèrent du trajet. Jusque-là, tout allait bien. Chaque acteur du film avait sa cabine. Un cuisinier étoilé fut engagé afin de nourrir les acteurs. Le départ fut joyeux ! Les rires et les blagues fusaient dans les couloirs. Chacun avait sa couchette. Nous partions en vacances pour arriver à Monte-Carlo ! Sauf qu'à chaque gare que nous traversions un groupe de maoïstes nous attendait et ne nous fit pas un accueil chaleureux : cris, slogans, lancers d'œufs, distribution de tracts aux voyageurs qui attendaient, aux cris de : « Vive la révolution culturelle chinoise, à bas le capitalisme, gloire au Grand Timonier ! »

Ordre nous fut donné par la production de fermer les fenêtres du train et de ne pas ouvrir les portes pour ne rien risquer physiquement. Les maoïstes étaient la plupart des jeunes gens qui brandissaient le *Petit Livre rouge* édité par les partisans de Mao, qui commençait, je crois, par : « L'impérialisme américain est un tigre de papier ! », une phrase qui fut reprise longtemps dans les journaux de l'époque. À chaque étape du train, le même scénario se reproduisait. Jusqu'à la dernière étape : Monte-Carlo ! Monaco ! Nous fûmes logés à l'Hôtel de Paris et le premier déjeuner eut lieu à l'extérieur de l'hôtel. Une température d'à peu près 14 degrés nous accueillit. Jean Yanne, afin de laisser une trace de son passage, répondit à un copain qui lui demanda s'il n'avait pas froid : « Je pourrais avoir les couilles comme un iceberg, je te dirais non ! » Je crois qu'il était comme ses camarades : il grelottait mais ne l'aurait jamais avoué.

L'acteur japonais qui jouait le rôle du général en chef se nommait Kyozo Nagatsuka. Ce fut une belle aventure. Pour le tournage, Jean avait loué la rue de Rivoli où il faisait défiler les glorieux chars chinois. Cela me rappela que mon oncle et ma tante Geneviève habitaient au 200 de cette rue de Rivoli, où ma tante était concierge.

Plus tard, nous nous trouvions place du Trocadéro afin de parader à nouveau et célébrer la victoire de l'arrivée des troupes chinoises. Quant à moi, j'exultais. Un jour, le tournage s'arrêta brusquement car Jean avait eu un malaise, et ne reprit que trois semaines plus tard. Les assurances avaient bien fait leur travail ! Et moi, pendant la maladie de Jean, je prenais des vacances. Je reçus en cadeau une casquette avec l'étoile rouge, une veste et un pantalon qu'offrit la production aux acteurs qui le désiraient à la fin du film. Explication : dans le film, je revenais d'un camp de rééducation et mon vocabulaire était restreint. Cela se voit et s'entend quand je descends du train où j'étais attendu par la femme de mon film, je crois, (je raconte de mémoire) et d'autres camarades ! Je prononçais des formules toutes faites et précises ! Comme le *Petit Livre rouge* que je devais avoir appris par cœur durant ma captivité et qui devait me laver le cerveau de mes pensées capitalistes d'antan ! Le film n'eut pas grand succès, et Jean déclara que la cause était qu'il n'y avait eu seulement que deux pour cent de résistants durant la Seconde Guerre mondiale. C'était son explication.

Je ne pensais pas que ma réputation de « déconneur » professionnel s'accrocherait à moi indéfiniment et me suivrait en tous lieux. Et chaque fois que je faisais une blague, une idiotie, bref, une connerie innocente, je n'étais pas seul, j'avais un compère, je repensais au livre de Jules Romains, *Les Copains*. Cette bande de joyeux copains qui faisaient des canulars sur l'armée, le clergé et la politique, dans un état d'ébriété maximale. L'on est plus courageux en s'alcoolisant, jusqu'à en arriver à la frontière du réel. Chacun l'a éprouvé au moins une fois dans son existence, non ? Moi, des centaines de fois, avec des copains. Cette introduction est essentielle pour l'aventure qui va suivre.

Nous sommes au mois de juillet de l'année 1979, et, avec un couple d'amis, nous avons loué une charmante villa dans cette délicieuse ville du Touquet. Nous passons des instants de joie, de bonheur et de rires incessants.

Nous sommes encore jeunes, nos trente années ne sont pas achevées. Les journées sont belles et chaudes, nous en profitons pour aller à la plage, les uns pour se baigner, moi pour regarder la mer et ses vagues. La regarder me suffit, je trouve l'eau trop fraîche mais je ne m'ennuie pas. Je suis impatient. J'attends le soir quand nous rentrerons à la proche villa. C'est là que nous commencerons à boire pendant la préparation du dîner, cette fonction étant attribuée aux femmes. Quant à nous les hommes, nous portons plusieurs toasts à nos vacances, à notre amitié, à la vie, à nos jeunes enfants, à nos grands-mères, nos grands-pères : « Moi, dit l'un, mon grand-père a fait trois fois Verdun et participa à la Voie sacrée. Je lève mon verre à sa mémoire et à la "Voie royale!" »

Un autre enchaîne : « Moi, mon grand-père a gagné trois fois le tournoi de boules de Cagnes-sur-Mer! Je lève mon verre à son cochonnet! »

Nous enchaînons les toasts : « À nos arrière-grands-mères, à nos aïeules, nos bisaïeules, nos trisaïeules! À nos ancêtres en général! »

Si bien que lorsque le dîner est servi et que nos femmes crient : « À table! », la troisième bouteille est débouchée et en passe d'être vidée.

Un dîner admirable, un bar au gros sel, une tarte spéciale du Touquet... Et quelques bouteilles, je ne me souviens plus du nombre... Trois? Quatre? Bref, du vin... comme s'il en pleuvait!

Quant à moi l'envie me démange de continuer la soirée!

Mais comment? Surtout pas de jeux de société! Pas de jeux de cartes! Pas de bridge! Pas de télévision!

Alors quoi? C'est alors que l'idée me vient d'aller faire un tour au casino du Touquet. La nuit est étoilée et chaude. Je dis à mes amis : « Je n'ai pas de smoking mais, peu importe, mon maillot de bain suffira! »

Tous se récrient :

« Tu es fou! On ne te laissera jamais rentrer!

— Suivez-moi, dis-je, on ne craint personne ! Je baratinerai le physionomiste ! Et hop ! on rentre ! Allez ! En voiture ! »

Nos femmes viennent aussi bien sûr !

Mon ami Michel possède une superbe Jaguar. Nous nous engouffrons tous dans sa voiture et nous prévenons les enfants : « Soyez sages, nous revenons dans une heure ! »

La sécurité est maximale dans ce quartier du Touquet. Les courts de tennis sont proches et des joueurs s'acharnent à trouver le sommeil en ratant les dernières balles.

Michel, mon copain, est le plus costaud de l'équipe. Il conduit. Il est celui qui tient le mieux l'alcool ! Nos femmes sont en robe d'été, normal ! Moi seul, je porte un slip de bain léopard ! C'est aussi l'époque où je suis sorti de la clandestinité et ai acquis une certaine célébrité grâce à l'émission *Le Petit Rapporteur* et à mon reportage sur la ville de Montcuq. Ainsi, mon visage est reconnaissable et en général le public rigole en me voyant. Donc, tout se passera bien…

Je peaufine ma stratégie, décide avec ma troupe de garer la voiture à cent mètres et de rentrer non par la porte officielle afin d'éviter le physionomiste mais par-derrière, vers les cuisines. Tout se passe bien. Nous garons la voiture, nos femmes descendent, inquiètes pour leur avenir et le nôtre, et gaiement, mais silencieusement, nous avançons vers le casino. À quelques mètres de l'entrée, le physionomiste nous aperçoit mais ne dit rien et nous bifurquons vers la gauche sur le conseil de Michel qui connaît les lieux. « Entrons par les cuisines ! »

La vaillante troupe de choc avance ! Ô joie ! Les portes sont ouvertes, car il fait très chaud en cette nuit de juillet. Les femmes nous attendent dehors. Nous pénétrons dans les cuisines où s'affaire la brigade de cuisiniers étonnés de notre arrivée et, surtout, par ma personne et mon slip léopard. Trois cuisiniers courageux s'avancent vers moi avec l'idée de stopper ma marche triomphale. À ce moment-là, Michel, costaud et déterminé, écarte ses bras et ordonne aux deux cuisiniers : « Laissez-le passer ! Laissez-le passer ! Ne le touchez pas ! »

C'est alors que j'ouvre les deux battants de la porte du restaurant et je vois le pianiste ahuri devant ce petit homme en slip léopard, qui multiplie les faux accords, ces dames en belles robes longues qui poussent de petits cris d'orfraie et des serveurs hilares qui ont compris la blague. Nous traversons la salle accompagnés par le pianiste qui joue « Les feuilles mortes » en sourdine. Puis Michel et moi sortons du casino d'une démarche un peu plus rapide et pouffant de rire sur le chemin de la voiture.

À nos femmes impatientes, nous racontons notre aventure et rentrons. Nos enfants dorment ; demain, nous leur raconterons ce que nous nommerons plus tard : la bataille du casino. Mais il y a une suite. Toujours triomphante, bien sûr !

Car l'année suivante nous avons échafaudé le même scénario, même troupe de choc, même date, même heure, assaut prévu à minuit, même villa, même Touquet, même casino, sauf que lorsque nous arrivâmes devant l'entrée, petit groupe toujours déterminé, le même physionomiste nous reconnut dès que nous sortîmes de la voiture de Michel. Nous nous approchâmes et, lui, tel un lanceur d'alerte, du haut de sa tour de garde cria : « Oh ! non ! Encore vous ! Alors là, non ! Partez ou j'appelle le service d'ordre ! »

Nous fîmes demi-tour immédiatement et rejoignîmes la voiture de Michel, tout heureux, tellement heureux de ne pas avoir été oubliés mais surtout d'avoir été reconnus. Encore une fois, le courage avait payé !

J'étais fier de nous ! Nous étions les nouveaux vainqueurs de la bataille de Monte-Casino !

Nous entrions dans l'Histoire ! Les manuels scolaires, les professeurs d'histoire, l'université, des centaines de thèses donneraient leurs propres versions, il y aurait des débats contradictoires totalement inutiles. Un brillant avenir s'ouvrait devant nous. Nous le méritions bien !

Quant à moi, je décidai de rester simple.

Ce qui ne fut pas aisé tant l'événement que nous avions vécu était d'importance ! Mais aucune médaille ne fut distribuée. Aucun monument aux morts ne fut érigé ! Une nouvelle façon de faire la guerre avait vu le jour. Une guerre sans victimes, grâce à moi.

Je méritais bien une médaille. Je me la refusais, car au fond de moi je sentais que je ne la méritais pas.

Pourtant, d'autres camarades que moi s'engagèrent dans le combat contre le climat de morosité qui s'installait dans notre pays, combat qui prit une forme de résistance ouverte, courageuse et permanente malgré l'hostilité de groupes de choc politiques qui tentaient de distiller la sinistrose, rétifs au rire, à la bonne humeur, à l'humour. Je m'engageai très tôt dans ce combat contre la morosité. J'étais un des plus jeunes combattants de l'humour noir et rouge.

Heureusement, je n'étais pas le seul. Parfois, un des nôtres se découvrait au hasard d'une blague et nous rejoignait. Nous l'accueillions au cours d'une cérémonie d'intronisation avec jury improvisé, où il devait triompher des épreuves que nous lui soumettions, mais que je n'ai pas le droit de dévoiler ici, à savoir gober un œuf sans ôter la coquille et sans s'étouffer. Ils devaient apporter leur œuf personnel. Plusieurs de nos camarades volontaires furent recalés. Certains voulaient repasser l'épreuve de l'œuf au bout d'une année comme l'imposait la règle. D'autres apportaient un œuf de caille, c'est-à-dire petit, voire minuscule, mais ils étaient recalés automatiquement.

« Trop petit! annonçait le jury. À repasser l'année prochaine. »

Certains prétendants qui repassaient leur examen d'entrée pour la troisième fois, trop sensibles, pleuraient en repartant et râlaient en disant : « C'est pas juste! Un œuf est un œuf, merde! »

Mais la société française se devait de garder uniquement et impérativement le fleuron de l'humour. Puis l'humour, subissant des influences multiples, se dégrada. Seuls quelques puristes résistaient. À cet instant, je repense à un vieux copain, adorable et irrésistible acteur que j'eus la joie et la fierté de rencontrer lorsque je tournai un film dont le titre était *Sacrés gendarmes* : l'histoire d'une brigade de gendarmes dans une petite ville du sud de la France.

Il se nommait « Sim »! Pas besoin pour lui de passer son examen de comique, sa carrière le prouvait largement. Le public l'adorait. Pendant le tournage du film, nous portions tous l'uniforme de gendarme et, pendant les moments de pause, nous nous amusions à régler la circulation plutôt fluide dans cette petite ville de Flassans. Un jour, Sim dont le cerveau débordait d'idées décida qu'il stopperait les voitures. Cela se passait de la façon suivante : dans cette petite rue où nous tournions, devant quelques personnes heureuses de voir comment se passait un tournage, Sim, sifflait et criait « Stop! », le bras droit levé. Les conducteurs qui ne le reconnaissaient pas tout de suite sous son képi, s'arrêtaient, croyant bien sûr avoir affaire à un vrai représentant de la maréchaussée. C'est alors que notre ami Sim s'approchait, saluait un conducteur qui ne le reconnaissait pas encore, il sortait de la poche de sa veste de gendarme un petit tuyau creux et disait : « Bonjour, monsieur, gendarmerie nationale, vous pouvez baisser un peu votre vitre, s'il vous plaît! Merci. Contrôle des oreilles! Ce ne sera pas long! Merci! »

À ce moment, les conducteurs le reconnaissaient et Sim les saluait d'un : « Bonne route, monsieur! Bonne route, madame! »

Ils repartaient d'humeur joyeuse. Cette blague pouvait durer toute la journée du tournage, pendant les pauses. Quant aux vrais gendarmes qui assuraient la sécurité du plateau, ils vivaient des moments heureux qu'ils raconteraient en rentrant chez eux le soir, en famille.

Maintenant, il s'agit de ne plus plaisanter. J'écris cela en mon âme et conscience, car je vais aborder le thème de la religion. Des religions. Courageusement. Être touché par la grâce ne s'explique pas, de façon rationnelle j'entends. En ce qui me concerne, je me souviendrai toute ma vie de cet instant sacré. Je me sens obligé de l'écrire afin de donner de l'espoir à ceux et celles qui attendent désespérément ce moment. Certes, je ne suis pas le premier à être « gracié ». Saint Augustin, qui mena une vie dissolue dans sa jeunesse, au grand désespoir de sa mère Monique, Charles de Foucauld et bien d'autres…

Mais revenons à la grâce dont je fus touché.

En ce jour lointain du mois de mai, j'avais organisé une fête dans le jardin de la maison que je venais d'acheter et j'avais invité des amis proches, intimes et quelques connaissances sympathiques. Tous vinrent avec des cadeaux, bouteilles de vins grands crus, bouquets de fleurs grandioses, m'assurant par ces gestes de l'amitié qu'ils nous portaient, à ma femme et à moi. J'ai écrit : « Tous vinrent avec des cadeaux. » Jusque-là, rien de plus normal. Nous remerciions nos invités qui arrivaient régulièrement, puis un de mes invités entra, tenant dans les bras une boîte, longue de cinquante centimètres, enveloppée dans un magnifique papier fleuri qu'il me tendit à bout de bras. Je pris la boîte mystérieuse, embrassai mon ami et essayai de deviner quel pouvait être ce cadeau étrange que notre ami, grand blagueur devant l'Éternel, nous offrait.

Était-ce une horloge de salon ? Une paire de boules de pétanques ? Car le cadeau était lourd et je dus le poser sur la table où s'étalaient les canapés de toutes sortes ainsi que des bouteilles de vin et de soda pour les enfants. Puis n'y tenant plus, pressé d'avoir cette révélation, je déchirai le plus vite que je pus le papier d'emballage ; mes mains tremblaient. Enfin, je découvris cette boîte en bois avec son couvercle glissant sous la main et je ressentis ce moment de grâce que je n'attendais pas : c'était un jambon entier, superbe ! Avec en plus une carte postale représentant Sa Sainteté Jean XXII ou XXIII, avec sa crosse. Je n'ai jamais eu la mémoire des visages, j'observai dix secondes le personnage, puis je retournai la carte, et là, je fus touché par cette grâce que j'attendais inconsciemment depuis si longtemps. Au revers de la carte, il était écrit :

« À ne consommer que le vendredi ! », signé Jean Carmet.

Notre fête avait lieu un dimanche ! Avec mes invités, le jambon fut absorbé, terminé le dimanche soir, jusqu'à l'os. Je gardai la sainte carte postale de mon ami. Grâce à lui, ce fut le seul moment de grâce que je ressentis dans ma vie. Depuis ce jour, ma carte papale et ma carte Vitale sont rangées dans mon portefeuille, entre ma carte d'identité, de groupe sanguin et la carte d'assurance de mon groupe électrogène. Je désire être enterré avec. C'est mon passe sanitaire pour le paradis.

Jean Carmet fut un des rares à ne pas m'oublier et ne manquait pas de me téléphoner pour avoir de mes nouvelles et savoir si je travaillais.

Un jour que je l'appelai, il me dit : « Ah salut ! J'étais en train d'écrire à Jean-Claude Carrière et je lui raconte n'importe quoi, j'en suis à la page 50. »

Je me rappelle qu'un autre jour je l'appelai et il me dit : « Ah là, là ! je m'en souviendrai de ta crémaillère, en rentrant chez moi, j'étais tellement bourré que je n'ai pas réussi à ouvrir la porte de ma villa, je ne trouvais pas le trou de la serrure, du coup j'ai passé la nuit dehors dans ma poubelle. »

Écrire mon autobiographie professionnelle n'est pas une mince affaire, j'y inclus des moments de soleil et j'oublie volontairement des zones d'ombre, celles dont je ne suis pas fier, comme chacun de nous. Mais je me souviens d'une période de ma vie où je fus reconnu très tôt par mes pairs de la profession comme un déconneur professionnel irrécupérable et inguérissable. J'avais inventé une formule pour me glorifier et affirmer que « la déconne est un état d'esprit », ce qui, reconnaissons-le, ne signifie rien ou pas grand-chose. Mais la formule me plaisait bien, elle était de moi, donc !

Et voici comment ma réputation de déconneur s'accrocha à moi et me suivit jusqu'au Portugal !

Que se passa-t-il au Portugal ? Un événement mineur diront certains, mais majeur pour moi.

Peu importe l'année, c'est le souvenir de l'événement qui compte. J'étais à Lisbonne et je venais de terminer le tournage d'un téléfilm. Je me préparais à rentrer à Paris quand un employé de l'hôtel où je résidais me déposa le scénario d'un film dont le titre était *L'Œil qui ment.* L'auteur, Raoul Ruiz, était très apprécié dans la profession. Ma curiosité était telle que je m'empressai de lire le manuscrit et, au fil des pages, je m'enthousiasmai pour le film et le rôle que je devais jouer. Je donnai mon accord et le directeur de production me proposa une rencontre avec le metteur en scène. Inquiet par nature, je me disais : « Pourquoi veut-il me rencontrer ? Juger mon physique ? Non. Il devait me connaître, m'avoir vu jouer dans un film bon ou médiocre, certainement médiocre. Alors pour quelle raison ? »

Le directeur de production me conduisit sur le lieu du tournage qui avait déjà commencé. Et je me trouvais devant le metteur en scène, qui me fit penser à un gros chat souriant. Les présentations faites, je demandai un peu intimidé : « Vous avez demandé à me rencontrer pour parler du personnage que je devrais jouer ? Sa psychologie ? Son passé ? »

À ces mots, Raoul Ruiz, rigolard, me répondit : « Non ! Pas du tout ! C'est juste pour se marrer, pour "déconner" ! »

Voilà ! Ma réputation avait fait le voyage de Paris à Lisbonne, je n'étais plus seul ! Comme toujours et partout, elle m'accompagnait en tous lieux. Je plains sincèrement ceux qui ne pourront jamais déconner à cause de leur fonction. Je vais tenter d'établir une liste des professions privées de « déconne » :

Un président de la République déconneur.

Un croque-mort déconneur, une brigade de croque-morts déconneurs.

Un Premier ministre déconneur.

Un Second ministre déconneur.

Un ministre de la Justice déconneur.

Un ministre de la Culture déconneur.

Et pourtant, nous y passons tous. Nous nous laissons aller, nous sortons de nous-mêmes, de notre carcan qui enserre notre déconne qui étouffe !

Mais il y a pire : les superlatifs pour les acteurs et actrices : « Il est merveilleux, génial dans ce rôle d'assassin en tout genre, qu'il attendait depuis si longtemps et quel courage extraordinaire il a eu pour poignarder en gros plan soixante-dix fois durant tout le film, à l'aide d'un couteau de boucher, les mottes de beurre salé, les jours de pleine lune ! Et grâce à ce rôle il a obtenu la Palme d'or du Beurrier à Cannes. Elle lui fut remise au cours d'une cérémonie par le Grand Cérémonieux qui, à cause de la chaleur, dégoulinait de toutes ses forces. Chacun voyait bien qu'il se passait quelque chose, car le Beurrier coulait goutte à goutte, mais nul n'osa faire une remarque ! Seul le courageux acteur s'épongeait discrètement lors du discours pour la remise du Beurrier d'or… ! »

Cette planète contient le pire et le meilleur, comme dit la formule populaire que je reprends à mon compte. Des personnages étonnants nous entourent et souvent disent des mots que nul ne retient, sauf moi bien sûr ! Je voudrais que nul n'oublie ce que je vais écrire et que j'ai entendu et retenu.

Un acteur très connu, très aimé et très oublié, jouait le premier rôle dans un film dont j'ai volontairement oublié le titre. Comme dans chaque tournage, plus de quarante personnes se retrouvent sur le plateau, utiles, inutiles, silencieuses, bruyantes parfois jusqu'au mot magique « Moteur ! » hurlé, crié par un des assistants. Ce jour-là, je devais tourner une scène avec ce grand acteur oublié. Or, une jeune assistante, première, ou deuxième assistante, ou troisième assistante de la seconde, je ne me souviens plus de son grade, avait sans doute oublié qu'il ne fallait jamais au grand jamais donner des conseils à un grand acteur de génie dont tous, sur le plateau, admiraient la prestance et l'élégance. Cette jeune personne ignorait sans doute les codes de notre métier et s'était permis une remarque, anodine certainement, à notre grand acteur, une remarque du style : « Vous devriez, je me permets… »

Outré, le grand acteur oublié s'approcha de la jeune fille, la regarda droit dans les yeux, puis d'un geste rapide lui empoigna les seins et dit d'une voix forte : « Ah ! Si tout ça c'était de la cervelle ! »

Ce qui déclencha un fou rire de l'équipe de tournage, je dis bien « toute l'équipe », tandis que la jeune assistante, rouge de confusion, sortit du plateau ne sachant pas où se mettre.

Le film, c'était *Voulez-vous un bébé Nobel?*

Ce grand acteur oublié, c'était Georges Descrières.

C'est ça aussi le cinéma ! #MeeToo n'existait pas encore !

J'ai eu la chance de tourner dans le film de Gérard Pirès, *Elle court, elle court la banlieue.*

Les vedettes étaient Marthe Keller et Jacques Higelin et une pléiade d'excellents acteurs que je ne peux citer tous, sauf moi bien sûr. Le scénario était de Nicole de Buron et racontait les difficultés d'un jeune couple qui habitait dans la banlieue parisienne pour se rendre à Paris travailler et qui « galérait », comme l'on dit élégamment, de train de banlieue en train de banlieue. Là, je rencontrai Coluche dans une scène du film, qui faisait partie de la révolte des voyageurs qui souhaitaient exprimer leurs doléances aux responsables de la SNCF. Quant à moi, qui jouais un chef de gare, je voyais entrer dans mon bureau ces voyageurs qui râlaient quant aux retards successifs des trains. Jusque-là rien d'anormal, si ce n'est que ce chef de gare que j'interprétais était installé à son bureau et déjeunait tranquillement d'une tranche de jambon et d'une délicieuse purée et buvait pour étancher sa soif un demi de bière bien fraîche.

Si vous avez côtoyé quelque peu le cinéma et assisté au tournage d'un film, rappelez-vous qu'une scène est très rarement bonne à la première prise. Même si le réalisateur crie : « Coupez! », son « Coupez! » est suivi très vite d'un « On la refait! ». Quant à moi, rappelez-vous que je déjeunais dans mon bureau et que plusieurs prises furent nécessaires pour arriver à la perfection souhaitée par le réalisateur. C'était la cohue. Les répliques s'enchaînaient. La scène fut rejouée trois fois, quatre fois, cinq fois, six fois et moi, jeune acteur innocent et ignorant les astuces du métier, je buvais à chaque fois le demi de bière que le gentil accessoiriste m'apportait et je remangeai l'assiette de purée qu'il faisait réchauffer pour mon plus grand confort. Et mon élocution devenait de plus en plus pâteuse malgré mes efforts pour cacher mon début d'ébriété. Enfin, un sympathique assistant m'expliqua trois fois que l'on était arrivé à la fin de la journée de tournage. Moi, j'étais déjà loin de la réalité avec quatre ou cinq demis, je ne m'en souviens plus, et comme j'ai toujours été perfectionniste, je lui dis :

« Je veux bien refaire la scène s'il reste de la bière.

— Inutile! me dit l'assistant, on a ce qu'il faut et toi aussi, je pense! »

5

Absence de regrets éternels

Je me dois de vous raconter ce qui m'arriva en pleine République française : moi qui suis un enfant de la République, je n'ai jamais pu oublier ce qui reste encore de l'Ancien Régime. Nous sommes en 1973. Je m'apprête à jouer, dans la mise en scène de Pierre Mondy, la pièce de Georges Feydeau, *La Main passe.*

Je suis avec mes camarades, Sophie Desmarets, Jean-Pierre Darras et d'autres encore, dont Jacques Balutin qui entrait en scène en aboyant et, chaque soir, faisait un très bel effet comique. C'est la dernière répétition avant la présentation du spectacle au public. Pierre Mondy règle les saluts.

Jusque-là rien d'anormal. Les acteurs principaux s'approchent à l'avant-scène, saluent, puis reculent et les seconds rôles s'avancent à leur tour pour saluer. Je fais partie des seconds rôles, et j'avance et je salue.

Jusque-là tout va bien, si ce n'est qu'au premier balcon une voix sèche et nerveuse résonne, et j'entends qu'elle s'adresse à moi en ces termes : « Hé ! toi, le valet, recule un peu… ! »

C'est le directeur du théâtre qui m'interpelle.

Je ne réfléchis pas une seconde et ma réplique fuse : « Le valet, il a un nom, il s'appelle Daniel Prévost ! »

Un lourd silence chez mes camarades gênés s'installe quelques secondes, puis le metteur en scène reprend comme si rien ne s'était passé : « Donc, je disais : Daniel et toi, Christiane, les domestiques, vous reculez légèrement… ! »

Ma réaction spontanée vaut ce qu'elle vaut, mais, je ne sais pas pourquoi, le mot « valet » me donna un coup violent au cœur ; la preuve, c'est que je ne l'ai jamais oublié et que je vous en fais part.

Le directeur avait lézardé ma dignité pour toujours. Elle ne s'est jamais refermée. Je suis sans cesse sur mes gardes, prêt à répliquer lorsque j'entends qu'un scud se prépare à atterrir sur cette dignité que j'ai tant de mal à préserver.

À la fin de ce réglage de saluts, le directeur vint à moi, posa son bras sur mes épaules et me dit d'un air faussement sympathique : « Mais pourquoi tu es susceptible, Daniel ? »

Il m'appela « Daniel », mais je continuai à ne pas entrer dans son jeu : « Je ne suis pas susceptible, monsieur, mais je n'aime pas qu'on m'appelle “valet”, c'est tout! Mon prénom, c'est Daniel et je joue le rôle d'un valet, mais dans la vie je suis Daniel! Un point, c'est tout! »

Quelques années plus tard, je dus défendre encore plus violemment ma dignité!

Je fus admis à cette époque comme membre d'une équipe d'une émission de télévision diffusée le dimanche matin et qui obtint un succès considérable. Nous étions quelques copains déconneurs, pleins de talent et réunis sous l'égide d'un chef tout-puissant.

Nous devions filmer des sujets avec un caméraman, un réalisateur et un camarade éclairagiste. Les sujets proposés étaient divers. Ce jour-là, à la conférence de rédaction, un reportage fut proposé : celui de la ville de Montcuq. Le rédacteur en chef décida alors qu'il conviendrait très bien à Daniel. À ce moment, je ne compris pas très bien ce que je pouvais en faire et je n'osais pas refuser de peur de me voir attirer les foudres du chef. Les temps que je traversais étaient difficiles et j'acceptai bon gré, mal gré. Un camarade réalisateur m'accompagnerait ainsi qu'un caméraman. C'était la première partie de mon aventure. Nous prîmes le train et descendîmes à la gare de Cahors tous les trois et un hôtel près de la gare nous hébergea pour la nuit. Le lendemain matin, nous nous retrouvâmes au comptoir de l'hôtel et commandâmes un café chacun et... un croissant pour deux. Le dernier prit trois sucres à la place du croissant... Troisième partie du voyage : un chauffeur de la ville de Montcuq nous attendait à l'hôtel afin de nous y conduire. Jusque-là, je ne voyais pas du tout ce que j'allais faire dans cette ville et mes camarades non plus, mais personne ne soufflait mot du trac qui petit à petit nous envahissait. Seule la peur de ne rien rapporter comme sujet était pour chacun une idée fixe ! Et si nous ne rapportions rien ? Le rédacteur en chef hurlerait sans doute et nous foutrait à la porte. Le conducteur nous dit : « Monsieur le maire de Montcuq vous attend... »

Et nous voilà sur la route de Cahors à Montcuq, traversant un paysage magnifique. Et pendant le trajet me vient le déclic salvateur. Je ne dis rien à personne et je décidai que toutes mes questions seraient d'ordre touristique afin que la France connaisse davantage ce si joli village. Et que chacune de mes questions se terminerait par « Montcuq ».

Simple, mais il fallait y penser ! Ce que je fis !

Monsieur le maire de Montcuq était un brave homme et une sympathique personne. Il m'adressa, après la diffusion de l'émission dont le sujet fit un triomphe, ses félicitations et son meilleur souvenir, j'ai gardé la lettre. Il comprit très vite le double sens de mes questions et où je voulais en venir. Il entra dans le jeu très vite avec beaucoup de bonhomie. Je me souviens encore, sans revoir le sujet, du dernier plan que nous enregistrâmes : j'étais au Café de la place, j'écrivais une carte postale à un copain imaginaire et en même temps je disais : « On ne sait jamais quoi écrire sur une carte postale ! Allez ! Bons baisers de Montcuq ! »

Avec ce sujet, je m'étais fait une petite place pour la postérité. Cette émission fut une très belle expérience, mais j'eus des moments très pénibles aussi et, si je ne les racontais pas, qui dans cent ans en parlerait ? Moi ? Non ! Alors qui ? Si ce n'est une feuille de papier jauni, retrouvée dans un carnet dont les pages déjà collées commenceraient à devenir des confettis jaunis eux aussi. Je demande donc l'aide de Gutenberg afin que mes moments douloureux restent dans les bibliothèques de ceux qui m'aiment ou non !

Tous les lundis matin, le chef Jacques Martin distribuait les sujets sur lesquels nous allions devoir travailler jusqu'au samedi, qui était le jour où notre chef qui s'était autoproclamé « rédacteur en chef » allait vérifier les sujets imposés dans diverses salles de montage.

Cette période était si stressante que je ne cessais de fumer, et toutes sortes de tabacs y passaient : cigarettes, cigarillos, la pipe avec ce tabac gris qui sentait si fort, cette pipe que je bourrais avec la boîte en fer et son tabac « Prince Albert » au goût sucré.

J'avais une préférence pour cette boîte de « Prince Albert », car parfois, en ayant trop fumé, je m'envolais quelques instants chez la reine d'Angleterre. Je fumais tellement que j'en avais parfois des sueurs froides et je m'enfermais dans les toilettes afin que mes camarades ne s'aperçoivent pas de mon malaise qui allait survenir. C'était le stress, comme il se dit aujourd'hui. Moi, je dirais que c'était l'angoisse de ne pas avoir réussi le sujet en train d'être monté par mes camarades Jean-Luc, François et d'autres encore. Car Maître Martin était impitoyable en passant dans la salle de montage pour vérifier les sujets. Parfois, il disait : « Bof! », « Non », « Oui, ça peut passer ».

Et au monteur : « Coupe encore au milieu du sujet, ça suffira! »

La veille de l'émission, dans la salle de mixage, les ingénieurs du son équilibraient les sujets qui seraient diffusés le lendemain. Le plus étonnant, c'était la présence d'un homme silencieux qui, je crois, vérifiait les prochaines diffusions. Il s'appelait Jean-Michel Hepp. Un homme du pouvoir sans doute. Nous étions en 1976. La société française était encore loin des espérances de la révolte de 1968, la preuve : ce censeur qui vérifiait les sujets. Valéry Giscard d'Estaing régnait sur la France et je me souviens encore d'un journaliste qui l'interviewait. Le président, lui montrant un tableau accroché délicatement au mur, lui dit fièrement, ou peut-être simplement : « Vous savez que nous descendons de Louis XV… »

Il est certain que ce président était très poli, donc bien élevé, en tout cas très bien habillé. Peut-être aurait-il pu offrir au journaliste, avant qu'il prenne congé, un diamant ou deux, voire une rivière ! Mais non. Un café peut-être. Une petite cuillère même, ça fait toujours plaisir. Je ferais mon enquête. Il me revient surtout qu'un soir du 31 décembre il associa son épouse aux vœux qu'il formula à la France, disant : « Mais je crois qu'Anne-Aymone a quelque chose à vous dire aussi ! »

Il fut le seul président à associer Madame à ses vœux !

« Faut le faire !, comme m'a dit Gérard, mon boulanger, le lendemain. Moi, j'aurais pas présenté la mienne ! »

Une fois, le maître des conférences du lundi m'avait donné un ou deux sujets dont je n'ai aucune mémoire, si ce n'est que, élève studieux, je fis de mon mieux toute la semaine afin d'effectuer mon devoir. Dans la salle de montage, mon camarade monteur tentait désespérément d'en faire un sujet avec le mince matériau que je lui avais rapporté. Car, hélas !, ce fut une maigre semaine pour moi, et je prévoyais que ce sujet télévisuel ne vaudrait pas un clou et finirait à la trappe. Le maître des lieux apparut dans la salle de montage, regarda le maigre sujet, fit une moue, puis une deuxième, puis une troisième et déclara : « Non, c'est pas diffusable, c'est nul ! Nul ! »

Il avait raison et je m'y attendais... Sauf que le maître continua avec ces mots : « Et vous vous étonnez de ne pas réussir ! »

C'en était trop pour ma fragile dignité !

J'étais assis près de mon camarade monteur, je me levai d'un bond, pris mon manteau et ouvris la porte du couloir. Pierre Desproges essaya de me rattraper : « Reviens, Daniel, déconne pas ! » Je me dirigeai vers le parking de la grande maison, retrouvai ma Renault Quatre ou Cinq... Et rentrai chez moi en banlieue. J'ouvris la porte et dis à ma femme : « Je n'ai plus de boulot ! Tu saisis ! Je me suis fâché avec Jacques Martin ! »

À ce moment précis, le téléphone sonne. Je décroche : « Allo, Daniel ? C'est Jacques Martin. »

Je ne le laisse pas continuer. Je lui coupe la parole. Je crie dans le téléphone :

« Écoute-moi bien, espèce d'enc... Ça fait plus de quinze ans que je travaille sans toi ! Je peux encore travailler trente ans, même quarante, d'accord ?

— J'espère bien ! Allez, reviens, on va s'arranger, pour demain on va trouver un autre sujet ! »

Mon cœur fut soulagé, ma fragile dignité rénovée. Je retournai chez le maître qui fit semblant de rien et m'accueillit presque à bras ouverts. Nous ne parlâmes plus de cette affaire. À partir de ce jour, je me jurai que, la saison télévisuelle achevée, je ne ferais plus jamais partie d'une équipe. Je tins parole. « Mieux vaut être un électron libre ! », me dis-je.

Quelques mois plus tard, je fus engagé par une station de radio pour une émission où je devais effectuer des canulars téléphoniques. L'animateur était Philippe Bouvard. Il avait un très gros succès d'audience et je devais, selon les ordres qu'il me donnait chaque matin, effectuer ces canulars. Exemple : « Prévost, vous téléphonez au hasard à une personne et vous demandez à parler au Viaduc d'Auteuil ! »

À cette époque, je prenais le Bottin téléphonique préhistorique et je cherchais en suant sang et eau afin de trouver le bon interlocuteur qui voudrait bien échanger quelques mots avec moi afin d'authentifier mon canular.

Par exemple, je commençais ainsi mon appel téléphonique : « Allo ? Je suis bien chez madame Morflet ? »

La personne répondait oui ou non, c'est selon.

J'enchaînais alors : « Je souhaiterais parler à monsieur le Viaduc d'Auteuil pour une affaire le concernant… »

Un silence s'installait quelques secondes, puis la réponse vint : « Qui avez-vous dit ?

— Monsieur le Viaduc d'Auteuil, il me connaît bien !

— De la part de qui ? »

Je pris une petite voix et répondis : « De sa sœur. Il se souviendra bien de moi, je suis la duchesse du Viaduc ! »

Une voix répondit alors : « Il n'y a pas de Viaduc d'Auteuil ici. Vous vous trompez. Ici vous êtes chez monsieur et madame Morflet, roturiers en tout genre. »

La personne raccrocha sèchement.

Alors, je continuais à chercher désespérément un interlocuteur secourable qui pût me répondre quelques phrases afin que je puisse gagner quelque argent en fin de semaine. Le réalisateur de l'émission faisait le montage. Philippe Bouvard, empereur de la station de radio, régnait en maître et jugeait mon travail enregistré avant l'émission et ricanait avec ses compliments et ses gloussements étouffés qui faisaient gonfler et rougir ses joues !

J'eus de nombreux échecs, et l'angoisse montait en moi, car je ne devais sous aucun prétexte rater l'affaire au risque d'être renvoyé le jour même.

Ce qui arriva de la façon suivante : un camarade me présenta à un metteur en scène de cinéma qui accepta de m'engager pour jouer un petit rôle dans son film. Je devais avoir dix jours de tournage, donc je ne pouvais pas effectuer mes canulars pendant cette période. Mais j'étais heureux. Je rencontrerais d'autres personnes, mon horizon s'ouvrirait, bref, j'exultais. C'était une bouffée d'air frais. Je ne donnai pas mon congé à Philippe Bouvard.

Mais vint la fin des dix jours et je retournai chez Philippe Bouvard, qui me convoqua et me dit :

« Je vous renvoie, Prévost. Vous ne m'avez pas prévenu que vous alliez tourner un film. C'est le réalisateur qui m'a averti de votre absence et sachez une chose : JE N'AIME PAS QUE L'ON TRAVAILLE EN DEHORS DE MOI ! »

Comment oser dire ça à un jeune comédien qui tentait de se faire une petite place ? Pas un fauteuil, non, pas de canapé en cuir, un tabouret m'aurait suffi.

Bien des années ont passé et je me souviendrai toujours de cette phrase que je reçus en plein cœur, moi sans défense, les jambes tremblantes. Il ajouta, fielleux : « Et sachez que vous ne ferez plus rien, plus de radio, plus de télévision ! Rien ! Sortez de mon bureau ! »

Heureusement, un camarade réalisateur bienveillant me récupéra pour une de ses émissions du soir. Ouf ! Une fois encore, je m'étais relevé juste avant le coup de gong fatal.

Un jour, chez moi, je reçus un appel téléphonique, une voix féminine me dit avec douceur : « C'est le bureau de monsieur Philippe Bouvard. Il souhaiterait vous parler. »

Je raccrochai immédiatement. Heureux ! C'était ma petite vengeance. Jamais plus il n'entendrait parler de moi, jamais. Il mourrait sans ses excuses ni mon pardon. Pire encore : jamais je n'ai écouté son émission *Les Grosses Têtes*. Et jamais je n'ai regretté. Mais pour lui, j'écrirai : « Absence de regrets éternels. »

Il existe, et je l'ai vérifié, une race d'êtres humains nommés « les Carpentier », une race qui peut vivre sous d'autres noms encore que celui-ci, mais celui qui va nous intéresser quelque temps m'a profondément marqué. C'est un couple de producteurs de télévision au pouvoir immense qui sévit durant plus de trente années, voire plus, et dont je fus l'ennemi juré jusqu'à ce qu'ils disparaissent et prennent leur retraite, peut-être. Et je ne cache pas que j'en fus soulagé. Cependant, j'avoue que c'est moi qui fus coupable de cette inimitié violente qu'ils m'assénèrent pendant toute cette période. La raison en est simple : une réflexion que je fis un matin d'automne dans le bureau de mon copain réalisateur chez qui je préparais un sketch pour l'émission de l'après-midi de Philippe Bouvard. Pour qui, je l'ai déjà écrit, je suais sang et eau afin de réussir un canular téléphonique, comme le faisait Francis Blanche sur une autre station de radio. J'écrivais quelques notes pour avoir des arguments et poursuivre ainsi mes conversations qui, disons-le, n'avaient que très peu de sens, étaient dénuées d'intérêt, mais devaient déclencher le rire du public, car l'émission avait lieu en public, animée par Philippe Bouvard. Or, donc, dans le bureau de mon copain réalisateur, j'étais bien installé sur un canapé et lui, face à moi, réfléchissait à quels seraient les artistes qui pourraient cohabiter le temps de l'émission de Philippe Bouvard, qui devait avoir lieu l'après-midi. Tout à coup, la porte s'ouvre et le fameux Carpentier apparaît et sans me voir, peut-être, se dirige vers mon copain réalisateur, le salue et commence entre eux une conversation professionnelle. Celle-ci dure deux à trois minutes. Le producteur, le dos tourné à ma petite personne, enchaîne phrases sur phrases sans se préoccuper de moi, comme si je n'existais pas. Je sens monter en moi une colère froide issue du mépris de l'autre et une réplique glaciale se profile dans ma tête. Je n'y tiens plus et lance au producteur : « Si tu veux me dire bonjour, je suis là jusqu'à dix-huit heures ! »

Je sais que j'ai fait mouche. Le producteur se tourne enfin vers moi, c'est le moment solennel où j'existe pour lui : « Oh ! Une seconde, je parle, merde ! »

J'avais gagné son inimitié, enfin ! C'était long mais j'existais. Dès lors, chaque fois que je le croisais, il ne m'adressait pas la parole et je fus rayé de ses jeux des *Grands Enfants* et autres émissions auxquelles j'aurais pu et dû participer. Mais en écrivant tout cela et en me remémorant ces événements, je ne regrette rien, pas même l'argent que j'aurais pu gagner. Au contraire, je me rappelle les combats que je dus mener contre ces personnalités au pouvoir implacable et exorbitant et je me réjouis sans aucune aigreur. Mais au fait, que sont-ils devenus ?

Rien, bien sûr et c'est cela l'essentiel ! Ils n'ont pas de statue, pas de rue à leur nom, pas de stade, pas d'école, rien ! Le néant ! Nous nous y retrouverons et là nous pourrons peut-être essayer de nous entendre, non, je plaisante. S'ils veulent me parler, je n'entendrai pas. La plaisanterie terrestre aura assez duré. Je ne remettrai pas le couvert. Rideau !

6

Mon César à moi

Ce fut ma seule décoration avec celle du prix du festival de la fiction TV de La Rochelle pour le rôle de monsieur Joseph, d'Olivier Langlois. J'étais heureux et fier. C'était mon tableau d'honneur. Non, soyons fous, ma Légion d'honneur!

Dans la magnifique carrière que j'ai eu le plaisir et la joie d'exercer, il m'arriva diverses aventures que je me dois de notifier. Et quand j'y repense, ce métier, que l'on nomme « métier », n'en est pas un, juste une occupation dérisoire pour le jeune homme paresseux que je fus et qui, je le rappelle, obtint les brillantes notes de zéro en mathématiques et un demi en physique au baccalauréat. J'ai cependant le souvenir d'avoir obtenu treize ou quatorze en français, je ne suis plus très sûr, le temps ayant passé, ce que l'on peut constater en lisant mes livres, ce qui me permit de ne pas poursuivre mes études qui ne m'attendirent pas et s'enfuirent précipitamment vers d'autres lauréats. Mon professeur écrivit sur mon livret de baccalauréat : « Beaucoup de prétentions », et il ajouta : « Peu de capacités ». À ce jour, je n'ai plus de nouvelles de lui. Si quelqu'un retrouve sa trace, qu'il l'efface, mais saluez-le pour moi ! Un cancre de ma taille ne se trouve pas sous le sabot d'un cheval.

C'est pour cela que je me dirigeai vers un cours d'art dramatique, et voici l'anecdote que je voulais raconter. Je sais que vous piaffez d'impatience et je ne veux pas vous faire languir, car comme je le dis souvent : « Le temps passe… et les œufs durent. » Moi-même je passe et ne dure que l'espace d'un instant. Comme la rose de Ronsard et sa marâtre nature !

Bref, voici l'anecdote : un matin, le téléphone sonne chez moi, jusque-là, rien d'anormal. Mon salon est grand et je cours vers le téléphone. Je décroche vite afin de ne pas entendre davantage cette sonnerie qui m'exaspère, je suis antisonneries par principe, comme d'autres sont anticapitalistes… J'ai d'ailleurs participé à différentes manifestations antisonneries organisées par des antisonneurs, porteurs de pancartes explicites : « À bas les sonneurs et leurs sonneries ! À bas les connards et leurs conneries ! »

Je trouvais les slogans un peu vulgaires mais ils sonnaient juste. Je décroche donc et j'entends une voix me demander : « Allo ? Je suis bien chez monsieur Prévost ? »

Je réponds : « Ça dépend ! C'est de la part de qui ? »

La voix enchaîne : « De la part de Francis Veber ! »

Je réponds, surpris : « C'est moi, Daniel Prévost. Bonjour, monsieur Veber ! »

Et j'enchaîne, bêtement intrigué : « Nous ne nous sommes jamais rencontrés. Je suis ravi de vous entendre… »

La voix répond :

« Moi aussi ! Vous connaissez ma pièce, *Le Dîner de cons*, bien sûr.

— Euh… Oui, j'en ai entendu parler par des copains. Mais malheureusement je n'ai pas eu le temps de la voir au théâtre et je le regrette bien, vous savez ! »

Le temps de la voir ? J'aurais pu, elle avait duré cinq ans ! Je mentais gratuitement, pour dire quelque chose qui s'approcherait de la vérité. Mais cela sonnait faux ! Il me dit : « Ça ne fait rien. Je vous envoie le scénario, je vais tourner le film tiré de la pièce et j'ai un rôle pour vous. »

Je sentis mes jambes trembler de joie ! Il ne les vit pas.

Je répondis : « Ah ! Bah merci, c'est une bonne surprise, c'est avec plaisir. »

Mes banalités s'enchaînaient, se précipitaient, se bousculaient et la dernière phrase sortie de ma bouche fut : « Merci d'avoir pensé à moi ! »

L'écrivain termina en disant : « Je vous fais envoyer le scénario chez votre agent ! J'attends votre réponse. À bientôt ! »

Il raccrocha. C'était mon jour de chance, mais je ne me souviens plus de la date et je ne ferai pas de recherche, ça n'a pas d'importance ; j'attendais le scénario et, dès que je le reçus, je me précipitai pour le lire. Je le trouvais superbe, comme les nombreux spectateurs qui virent le film et en firent un triomphe. Mais le plus étrange est que cet homme et moi, je le répète, nous ne nous étions jamais rencontrés. Lui me connaissait bien sûr par mes apparitions furtives à l'écran, et il avait dû en déduire que j'étais fait pour ce rôle de « contrôleur des impôts » qu'il me proposait. Mais avant le premier jour de tournage, jamais nous ne nous rencontrâmes. Jamais.

La première fois où nous nous sommes vus physiquement fut le premier jour de tournage. J'étais aux studios d'Épinay ou autres, ça n'a pas d'importance, et je me trouvais dans mon car-loge où je me préparais, aidé de mon habilleuse. On frappa à la porte. Je répondis immédiatement la formule : « Entrez ! »

Alors entra Francis Veber.

Nous nous saluâmes. Je dis : « Bonjour, monsieur Veber ! Asseyez-vous. » Et j'enchaînai : « Épatant votre scénario ! »

Ensuite, le seul adjectif qui me vint fut : « Diabolique ! »

Il sourit et dit : « Bon, je vous laisse vous préparer. À tout à l'heure ! »

Avec le rôle que Francis Veber me confia, la profession me décerna le fameux « César » au cours d'une cérémonie où je me trouvais avec mon copain Jacques Villeret. Depuis, mon César voyage de meuble en meuble : trois mois sur mon piano, six semaines sur un rayon de ma bibliothèque, les quatre mois d'été sur mon réfrigérateur et, lorsque je pars en vacances quelques jours, je le confie au gardien de mon immeuble afin qu'il en prenne soin, qu'il le dépoussière tous les deux jours, qu'il lui dise quelques mots, car j'avais compris que mon César était bien vivant, qu'il possédait une âme comme tout le monde, l'âme de César le sculpteur qui l'avait créé. Parfois, passant devant lui, je lui disais amicalement : « Ça va, mon Jules ? »

Je n'attendais pas sa réponse qui ne viendrait pas !

Mais au fond de moi, je pensais d'emblée à Vercingétorix l'Arverne, chef incontesté des Gaulois, qui fut vaincu au métro Alésia et mourut à Rome, je crois, mais je ne me souviens plus de la rue. C'est si loin tout ça. Mon bonheur simple, et enfantin, je le sais bien, eût été qu'il me donne un autographe et sa photo au dos de laquelle il aurait écrit : « Pour Daniel Prévost! Amitiés d'Alésia et meilleur souvenir de Vercingétorix! »

Je l'aurais conservée précieusement dans mon portefeuille entre ma carte Vitale et mon passe sanitaire.

7
Acteur

Ma profession de foi en ce qui concerne mon métier n'est pas nouvelle. Elle me vient de mon enfance où je vis pour la première fois un film, *Jeux interdits*, qui me bouleversa et qui me décida malgré mon très jeune âge à embrasser cette carrière d'acteur dont j'ignorais tout, sauf que c'était cela que je décidai d'être, et rien d'autre. Certes, je dus affronter difficultés et réticences dans mon milieu familial, rétif à cette profession dont il était fort éloigné, je dirais aux antipodes, et qui craignait pour mon avenir. Ce furent mes premières batailles mais je tins bon, contre vents et marées. Plus je grandissais, plus je mûrissais et moins je baissais les bras et plus cette profession de foi s'ancrait en moi jusqu'à l'obsession. Le cinéma, les films nourrissaient mon inconscient. Je voyais acteurs et actrices sur les écrans et j'étais obsédé par leur présence. Je rêvais de jouer tous les rôles, drôles, comiques, hilarants, tragiques, bref, je voulais jouer tous les personnages. J'étais jaloux.

J'ai un grand souvenir de *L'Avare*, de Molière que je jouais avec mes camarades au festival de Vaison-la-Romaine. Les spectateurs me firent un triomphe en tapant des pieds sur les gradins à la fin de la pièce. J'en avais les larmes aux yeux.

Mon regret : depuis toujours, toute ma vie, je n'ai cessé de vouloir jouer *Le Misanthrope*. De multiples occasions s'offrirent à moi mais, chaque fois, un problème de production m'empêcha de mener à bien mon projet. Par dépit j'appris le rôle par cœur, et je le récitai chez moi, devant ma femme qui faisait office de public en matinée et en soirée... Hélas, le projet ne vit jamais le jour. Sauf dans mes nuits d'insomnie où pour me rendormir, je me récite silencieusement le rôle d'Oronte qui vient présenter son sonnet au Misanthrope.

Ma profession de foi n'était pas un mensonge, je la vivais au jour le jour jusqu'à ce qu'elle prît corps quand j'obtins le petit rôle dans le film *Erotissimo*. Puis, ma sincérité aidant, je fis mon chemin au fil des années. Et je ne regrette rien, car je considère que les films du monde entier changent régulièrement mon regard sur la vie et nourrissent mon imaginaire, me posant sans cesse des questions que sans eux je ne me serais peut-être jamais posées. Je sais que je ne suis pas le seul à avoir combattu et à m'être accroché parfois avec désespoir à cette chimère qui devait un jour prendre corps. J'avoue que j'attendis longtemps pour que l'on s'intéresse à ma personne. Je tentais de me faire remarquer sans cesse avec des jeux de mots, des grimaces, des fous rires volontaires que je faisais durer plus qu'il ne fallait. Je me faisais trublion professionnel et cela me plaisait.

Un jour, je répétais la pièce *Lysistrata* au festival de Sarlat en 1965 et j'entendis le metteur en scène lancer à mon sujet : « Ah ! celui-là, il faut toujours qu'il en fasse plus que les autres ! »

Il avait raison, mais après réflexion, où sont mes camarades de cette époque ? Ils firent discrètement leur carrière sans doute, je l'espère.

Et je continuerai jusqu'à la fin, j'explorerai des chemins vierges de la pensée, afin d'étonner le monde et rejoindre la troupe des incompris. J'entends déjà l'accueil que l'on me fera :

« Ah ! te voilà enfin, toi ! Tu en as fait des pieds et des mains pour nous rejoindre. Sois le bienvenu dans notre groupe. Nous t'attendions, tu en as mis du temps pour nous rejoindre, sacré Daniel ! Prends place parmi nous, les "innocents incompris". Tu as encore plein de choses à oublier et qui ne t'ont servi à rien, tu en es enfin libéré. Un autre monde s'offre à toi ! Tu n'apprendras rien et tu te laisseras vivre jusqu'à ce que tu rejoignes le néant dont tu es sorti comme tant d'autres de tes camarades que tu ne reconnaîtras pas ! N'aie crainte, tu ne ressentiras rien. »

Ce que je craignais est arrivé, un gros coup de fatigue, une lassitude face à l'effort que je dois accomplir pour aller au bout de ma tâche et faire plaisir à ceux qui m'aiment. J'en compte une dizaine, sur les doigts de mes mains et onze sur mes doigts de pied, un de plus ! En tout vingt et un. C'est peu et lourd à la fois pour un être fragile comme moi. Je vais dormir quelques pages et ensuite le soleil se lèvera et je me réveillerai bien disposé. Je l'espère encore. D'ailleurs, ma spécialité, c'est le désespoir. Je n'ai eu de cesse de me désespérer et de fracasser ce faux espoir permanent qui me colle à la peau ou au corps, comme il vous plaira.

Je donne un exemple qui me revient comme un scud au fond de ma poitrine : j'avais 18 ans, j'étais obsédé par la carrière de comédien et, excusez du peu, j'étais très doué pour la comédie et mes professeurs m'encourageaient. Durant trois ans, je fus élève au Centre de la rue Blanche d'où sortirent bon nombre de mes camarades qui disparurent de la profession au fil des ans. Je tentai après ces trois années le concours d'entrée au Conservatoire d'art dramatique. C'était en novembre 1958. Et, comme je ne m'y attendais pas, je ratai le concours. Mon désespoir atteint son point culminant quand j'appris qu'un de mes camarades que je trouvais nul en comédie était reçu. Et je fis une analyse subtile durant des années, quand tout à coup je me dis : bon sang, mais c'est bien sûr ! J'avais tout faux. Certes, j'étais drôle, très drôle, mais la vérité sur moi m'apparut en me revoyant sur une photo de l'époque : cheveux noirs, très noirs, nullement de style européen. Nous étions en pleine guerre d'Algérie et, ignorant alors mes origines algériennes cachées par ma mère, ce n'est que très tard, me revoyant sur une photo, petit garçon, avec une chéchia sur la tête, cliché pris par madame B., ma directrice d'école, dans leur pavillon de Brunoy, que tout en moi s'éclaircit. La clé du mystère était là : sur cette photo, tout s'expliquait, et surtout mon concours d'entrée au Conservatoire. Lorsque je m'y présentai, j'étais Français sans conteste, mais je compris, hélas, que mon analyse avait été faussée. Oui, j'étais Français, c'était certain, mais quelque part au-delà de la Méditerranée avait existé un homme qui rencontra à Paris une jeune fille de 16 ans qui devint maman célibataire durant quelques années. Elle rencontra cet homme déjà marié au bled qui disparut, poursuivi dans les rues de Saint-Denis par mon oncle, ivre de rage que ce « bicot » ait mis sa sœur enceinte, pour lui faire la peau. Mais tous ces événements, je n'en eus connaissance que plus tard, beaucoup plus tard. Seul restait le petit Daniel avec ses cheveux très noirs et qui échoua au concours d'entrée au Conservatoire. Je ne compris pas dans mon enfance pourquoi dans des conversations rôdait sans cesse le mot « bâtard ». Mais je l'entendis souvent prononcer. Aujourd'hui le choc est passé, et seuls les souvenirs toujours douloureux restent. Mais la parole de Beaumarchais est toujours d'actualité : « Je me presse de rire de tout, de peur d'être obligé d'en pleurer. » C'est ce que je m'efforce de faire. Je vais donc raconter une blague pour terminer cet épisode un peu lourd :

« Deux hippopotames nagent péniblement dans un grand fleuve d'Afrique, il fait très chaud, le soleil brûlant s'en donne à cœur joie, l'un des hippopotames arrive enfin à la hauteur du premier et lui dit : C'est curieux, hein, j'arrive pas à me faire à l'idée qu'on est jeudi ! » C'est mon ami Jean Yanne qui me l'a racontée, cette blague. Je ne peux comprendre qu'elle ne fasse pas rire tout le monde ! Mais je sais pourquoi : c'est que très peu de personnes ont de l'imagination. Et pourtant, c'est si simple d'imaginer un hippopotame présenter le *Journal de 20 heures*, ou l'émission *The Voice* au zoo de Vincennes. C'est si dur ? Relisez *La Ferme des animaux*, de George Orwell.

J'ai eu la chance de faire du cinéma, quelques films, avec toujours la même prestation : des personnages fourbes, antipathiques, sournois, menteurs, violents, hargneux, toute une panoplie des êtres humains que chacun de nous a rencontrés au moins une fois dans son existence. À mon avis, il existe plusieurs explications en ce qui me concerne. La première, c'est mon joli physique : cheveux frisés, nez pointu, lèvres fines, ce qui donne automatiquement, pour les professionnels, des personnages d'escrocs, de filous malgré ce physique plutôt ordinaire. Des journalistes ont même déclaré à mon sujet que j'avais un physique de « Français moyen ». Mes extravagances ont fait de moi un « fou furieux, un de ces acteurs qui en font toujours trop, qui débordent » sur les rôles qu'on leur propose, grimaçant sans cesse. Et si par chance, l'on me propose un personnage sérieux, froid, voire triste, alors on écrit : « Qu'est-il arrivé à Prévost ? Il a l'air complètement éteint dans ce rôle qui ne lui convient pas du tout. C'est une erreur de casting qui pourrait lui coûter cher. Vite ! Qu'il se reprenne ! Qu'il joue ce qu'il sait jouer : des personnages franchouillards. C'est là qu'on l'attend, c'est là qu'on l'aime ! »

À ceux-là je réponds que je leur ressemble, que les scénaristes décrivent ce qu'ils voient autour d'eux, comme les peintres de tous les âges. Mais lorsque je regarde à la télévision des films anciens dans lesquels j'apparais, j'ai, comme on dit, un léger pincement au cœur en me revoyant à l'écran. Je suis jeune, parfois fringant, mais mon visage a vieilli au fil des ans et les camarades qui m'entourent aussi et d'autres ont disparu de la vie réelle. Alors je me prends à dire :

« Lui, il est mort, le pauvre, il était très gentil, qu'est-ce que j'ai ri avec lui, elle aussi elle a disparu, il y a deux jours. »

Et je reviens soudain à la réalité en pensant que la vie, c'est le temps d'un film, c'est tout. D'où l'on sera, on se reverra peut-être quand les films passeront à la télévision. Et l'on se dira : « Chouette ! C'est mon autre vie. » Il y avait, du temps de mon enfance, des autobus à plateforme, des policiers à pèlerine pour frapper les manifestants. Il se disait que leurs pèlerines possédaient des boules de plomb au bas de celles-ci et qui seraient plus tard remplacées par des matraques plus dures et autres engins comme des bombes lacrymogènes, des Taser (armes légales) et des Taser (armes létales). Puis la langue française s'enrichit de nouveaux mots : les clusters apparurent, le confinement rajeunit la population qui s'emmerdait et s'emmerda plus encore, le passe sanitaire prit sa place dans la cacophonie d'une épidémie, d'une pandémie et l'on vit apparaître des provaccins et des antivax… L'on vit se faire « exfiltrer » des artistes célèbres qui souhaitaient participer aux manifestations et furent malvenus et congédiés manu militari. Décidément, à quel moment de l'Histoire peut-on se déclarer « citoyens » ?

Je me souviens d'un homme qui se disait citoyen du monde, il s'appelait Garry Davis, et dans les années cinquante, il avait déchiré son passeport américain et décidé d'un gouvernement mondial. Il rédigea une déclaration sous le titre de « déclaration d'Oran » avec Albert Camus, si ma mémoire est bonne. Il souhaitait un monde sans guerre et l'instauration de ce gouvernement mondial qui ne vit jamais le jour.

Il m'arriva d'avoir des accès de culot improvisés que je ne pouvais pas contrôler. Exemple, celui-ci : j'étais invité à une projection privée d'un de mes films que je savais médiocre et j'assistais médusé aux images qui défilaient devant moi. Je n'avais jusque-là aucun espoir d'une quelconque amélioration pendant cette projection à laquelle j'assistais. J'étais ahuri par ce que je voyais et dont j'étais un des acteurs principaux. Quand le film fut terminé et que la lumière se ralluma, je me dépêchai de me lever de mon siège et je courus presque vers la sortie de la salle de projection. C'est alors que le réalisateur, bien présent à la porte de la salle, me barra le passage et dit : « Alors ! j'aimerais bien savoir ce qu'en dit mon ami Prévost ! »

Je ne sais ce qui me prit soudainement, je le regardai droit dans les yeux et commençai doucement : « Épatant ton film, épatant ! »

J'ajoutai : « Peut-être un peu long, sinon ça va ! Mais je crois que tu devrais couper un petit peu, cinq minutes. Non un quart d'heure, un quart d'heure non, c'est pas assez, disons tu coupes tout, c'est nul, c'est à chier ! C'est pour ton bien, pour le bien du film que je te dis ça, hein ?! »

Et je sortis de la salle de projection devant le metteur en scène, blanc, mais blanc! Il ne répondit rien et la comédienne qui m'accompagnait décida, comme moi, que nous n'en ferions pas la promotion malgré les conseils et les mensonges de l'attaché de presse qui m'avait assuré au téléphone que le film était pimpant, etc. Qu'est devenu le film? Je ne sais et ça ne m'empêche pas de dormir la nuit sauf que parfois, dans mes insomnies, je me revois en maillot de bain, recevant un jet d'eau froide dans une cabine de douches, et l'eau est verte, je crois! Et dans cette nuit où me reviennent ces scènes de ma participation au film, personne ne me regarde et dans le noir de ma chambre, j'ai honte! Ce n'est pas un péché mortel, mais ça fait tache dans un CV, le mien! À cet instant précis, je me rappelle qu'à la cérémonie des César où je fus convié, je demandai au public : « Vous voulez que je vous chante une chanson? »

Avec l'accord de mes camarades, j'improvisai sur l'air du « Déserteur », de Boris Vian : « Messieurs les comédiens, je vous fais une lettre que vous lirez peut-être, si vous avez le temps, je viens de recevoir un scénario débile, des dialogues imbéciles, une histoire de crétins. »

Et je terminai sur ces mots : « Comme tous les comédiens, j'ai joué de la daube, je me suis couvert d'opprobre, messieurs les comédiens, etc. »

Je pensais vraiment ce que j'improvisais et j'étais heureux pour nous tous, nous autres les saltimbanques, et dans « saltimbanques » il y a « banque ». Ne l'oublions jamais ! Et sans banque, que devient le cinéma ? Rien. Et sans comédiens, la société mourrait d'ennui. Mais trop d'humoristes tuent les humoristes. Et s'il n'en reste qu'un, ce sera moi ! Certes, j'entends déjà les jaloux, les obscurs, les sans-grade :

« Lui, encore lui, toujours lui ! Mais il ne la fermera donc jamais ce crétin avec ses mots à la… »

Je n'ose pas écrire le mot, car je suis bien élevé. Et ma mère m'a dit de ne jamais prononcer, ni écrire le mot « con ». Je lui obéis encore malgré mon âge, devancé par d'autres qui attendent leur heure de gloire qui n'arrivera jamais. J'ai été formé ou déformé, c'est selon, au cours d'art dramatique, où nous devions écouter avec ennui des cours de littérature, de théâtre par d'excellents professeurs qui nous parlaient du théâtre de l'Antiquité, du chariot de Thespis, et des origines du théâtre grec et des mystères du Moyen Âge.

Mais ma question, que je n'ai jamais résolue, était : « À quoi ça sert tout ça ? »

À rien. Jouer la comédie n'implique pas de se souvenir de l'Antiquité et des mystères du Moyen Âge. Quant à moi, comme je l'ai déjà écrit, j'ai joué de la « daube », bien loin du théâtre grec et des mystères du Moyen Âge qui resteront pour moi un « mystère » d'une incompréhension totale. Restaient les sujets empruntés à l'Ancien Testament ou à la vie des saints.

Aucun souvenir de ces cours où je baillais discrètement afin de ne pas déranger mes camarades studieux qui prenaient des notes. Mais heureusement il y avait les cours dispensés par des professeurs dont un a particulièrement retenu mon attention : c'était un vieux monsieur, vieil acteur de la Comédie-Française, devant lequel nous présentions une scène de notre choix. Nous pensions qu'il nous écoutait attentivement et que nous allions profiter de ses conseils ! C'était toujours le même conseil qu'il nous prodiguait à la fin de la scène : « C'est bien, mais joue-le un peu plus vite ! »

Toujours très engageant de présenter une scène devant un public qui dort ! Un genre de rodage pour plus tard... Un détail cependant me revient : la directrice du Centre d'art dramatique détestait le jeune homme que j'étais. Je n'ai jamais su pourquoi. Elle me le faisait bien voir. À peine répondait-elle à mon bonjour lorsque je la croisais. Jusqu'au jour où je jouai une scène et où le directeur Jean Meyer, redoutable professeur également, mit la note de vingt sur vingt à l'élève qui passa devant lui une scène avec Sbrigani, tirée de *Monsieur de Pourceaugnac*, de Molière, toujours lui, qui le fit beaucoup, mais beaucoup rire. C'était moi ! À partir de ce jour, l'attitude de la directrice changea à mon égard, elle m'appela Daniel. Je ne lui ai jamais pardonné. Mon ressentiment est resté intact au fil des années. Elle mourut entourée de l'affection de ses anciens élèves. Sauf de moi qui prétextai une extraction de molaire le jour des funérailles de madame la directrice… J'économisai donc un bouquet de fleurs artificielles, un billet d'adieu, cinq francs à la fin de la messe, quelques larmes factices et le verre de l'amitié à la fin de la cérémonie d'adieu. Il n'y a pas de petites économies, non ? Des camarades du cours me firent le reproche, j'avais la réponse toute prête. Je me gonflai la joue droite ou gauche et répondis aux curieux : « T'as vu ma joue ? T'aurais pu aller à l'enterrement comme ça, toi, en geignant sans cesse durant l'office religieux ? Hein ? T'aurais pu ? »

Devant une souffrance dentaire comme la mienne, les reproches s'arrêtèrent là, grâce à Dieu. J'appris que l'un des élèves fit un discours après que le cercueil fut descendu dans la terre meuble, qui commençait par ces mots et que mon camarade répéta devant moi : « Madame la directrice, merci de nous avoir accompagnés durant toutes ces années d'études et veillé sur nous… »

Comme cela allait être trop long, je dis à mon camarade : « Tu me raconteras la fin du discours une autre fois ?… Je vais au cinéma à la séance de quatorze heures pour voir le film de Jean-Luc Godard avec Anna Karina *Vivre sa vie*, suivi du *Petit Soldat.* »

Deux heures de cinéma valaient bien mieux que deux heures autour d'un cercueil, dans un froid glacial ! Je ne regrettais rien, non, rien de rien ! Le lendemain, je demandai à un copain :

« Alors, c'était comment ?
— J'ai connu mieux ! »

Que voulait-il dire ?

Je n'insistai pas. Je me foutais des détails. La vie continuait. Une autre directrice m'appellerait peut-être Daniel, c'était ça l'avenir qui s'ouvrait devant moi. Qu'à l'avenir on m'appelle par mon prénom, c'est tout ce que je demandais. Car tout au long de ma vie j'ai remarqué qu'au cours de différentes réunions professionnelles, cocktails mondains, castings, il m'arrivait d'entendre, de la bouche de ces personnages présents : « Tiens ! C'est comme Prévost ! »

Là, j'étais sûr que ces gens ne m'appréciaient guère et qu'ils ne m'engageraient pas dans leur prochain film. Les a priori sont nombreux dans notre profession. Il faut s'y faire. Exemple : votre serviteur ! C'est Jean Yanne qui m'a fait tourner dans son premier film. *Tout le monde il est beau, tout le monde il est gentil.* Il me dit : « Tiens ! Tu joueras le rôle du faux cul, tu t'appelleras Sylvestre Ringeard, ça t'ira bien, tu verras. »

Il avait raison et je me réjouissais chaque jour où je tournais. Mon rôle était important et j'allais au boulot en sifflotant. Puis le film sorti, je lis les critiques : « Et il y a Prévost qui joue le Français moyen, le rôle du faux cul lui va très bien avec sa tête de fourbe, son nez crochu. »

J'étais habillé pour tous les hivers que traverserait mon cinéma, et je ne me rendais pas compte que ce rôle me suivrait toute ma vie. Je tournai des dizaines de films où mes rôles étaient presque identiques à celui de Sylvestre Ringeard, le faux cul. Mais je m'y habituais au fil des ans. Un détail important : mon nez devint mon obsession ! Je fis collection de dizaines de caricatures qui me représentaient, toutes aussi laides les unes que les autres. Mais je pensais au fond de moi : « Chouette, la presse pense à moi… »

Mais j'eus une compensation majeure. Un jour de tournage, Bernard Blier, mon aîné qui passait près du plateau, me lança avec un doigt vengeur : « Vous, vous êtes un bon ! »

De même, Jacqueline Maillan, qui prenait le train pour tourner *Ville à vendre*, de Jean-Pierre Mocky, me dit quand j'entrai dans son compartiment : « Vous, vous me faites beaucoup rire ! », sur un ton qui ne demandait aucune réponse.

Et me revient un vers d'une chanson de Jacques Brel : « On n'oublie rien de rien, on s'habitue, c'est tout ! »

Et puis on oublie ! Ce que je fis.

8

Federico Garcia Lorca

L'année 2008 fut une grande année pour moi. Je décidai de créer un spectacle sur le poète Federico Garcia Lorca, qui fut fusillé par les franquistes au tout début de la guerre civile espagnole (1936-1939), au Théâtre du chien qui fume, au Festival off d'Avignon. J'étais accompagné par deux musiciens guitaristes, je chantais « La Tarara », une chanson de Federico, je disais des poèmes en espagnol, j'étais heureux. J'avais de la sympathie pour les républicains espagnols exilés, dont je connus certains d'entre eux. Ils se réunissaient dans un petit local, rue Ternaux à Paris, où mon beau-père anarchiste m'emmenait le samedi après-midi. Je reçus des centaines de lettres et beaucoup de ceux qui avaient vu mon travail m'encouragèrent à poursuivre mes recherches. Certains insistaient :

« Continuez vos recherches, vous trouverez toujours quelqu'un qui a connu telle personne à cette époque, qui pourra vous raconter un détail qui vous incitera à poursuivre votre travail et vous en serez étonné. »

Mais je ne suis pas historien et, cependant, l'histoire de la guerre civile espagnole n'a cessé de me hanter et je lus des centaines d'ouvrages s'y rapportant. Un détail, entre autres, me bouleversa : à cette époque, les paysans espagnols affamés ne pouvaient manger de la viande, car les riches propriétaires engraissaient leurs taureaux en vue de les lâcher dans l'arène. Tout cela est vérifiable bien sûr dans les milliers de livres de l'histoire de la guerre civile. Je cesse la description des atrocités qui eurent lieu : les églises brûlées, les prêtres massacrés, l'assassinat de Durruti, combattant anarchiste espagnol qui mourut dans des circonstances troubles. Mais quel espoir nouveau se leva pour une nouvelle société plus juste et s'acheva par la victoire de Franco ! Je m'aperçois que le sujet de la guerre d'Espagne revient sans cesse malgré moi comme une obsession dans ma petite vie douillette ; j'ai écrit sur l'Espagne afin de ne pas oublier, jamais ! Mais je dois changer de sujet, sinon où est le rire et où sont mes facéties, mes traits d'esprit, tout ce qui fait mon charme et ma notoriété !

9

Et moi, comment je vais ?

Il m'est impossible de me souvenir de la date précise de ce que je vais raconter, et pourtant c'est la vérité ! Je sais que l'événement eut lieu en 2005, ça c'est sûr ! Je suis passé à deux doigts de l'AVC. Deux doigts comme deux doigts de porto.

Je me rappelle que j'avais mal à la tête, très mal. Rien ne me soulageait. Les comprimés qui me soulageaient ordinairement faisaient leur travail rapidement mais là, rien n'y faisait, Doliprane, Pranedoli, Efferalgan, zéro !

J'appelai un ami médecin et lui décrivis mes céphalées permanentes. Il m'écouta attentivement et conclut, tranchant : « Va te faire faire un doppler et rappelle-moi ! »

J'appelai la clinique la plus proche. « Je voudrais prendre rendez-vous pour me faire faire un doppler ! »

J'ajoutai : « S'il vous plaît ! »

La standardiste, assez aimable pour une standardiste, me dit :

« J'ai de la place cet après-midi vers quinze heures si ça vous convient.

— D'accord ! répondis-je.

— Votre nom ?

— Prévost Daniel.

— C'est noté.

— À tout à l'heure. »

Mon mal de tête s'aggravait grave ! Et c'est là que je me rendis compte de l'importance des quinze heures. On ne se rendra jamais compte à quel point un rendez-vous à quinze heures peut être important dans la vie des hommes.

Il était à peu près treize heures. Et ce mal de crâne qui persistait… Je devais attendre encore deux heures pour me faire faire ce doppler dont auparavant j'ignorais même jusqu'à l'existence du mot ! Et en quoi cela consistait-il ? Je verrais bien. Était-ce douloureux ? Moi qui redoute la douleur si petite soit-elle ! Sachez qu'une simple prise de sang m'empêche de dormir la veille ! Et la prise de sang effectuée, je sors guilleret du laboratoire en m'insultant d'être aussi lâche, pleutre, sans courage.

Je dis même d'une voix douce à l'infirmière du labo : « Vous prendrez une petite aiguille, madame ! N'est-ce pas ?

J'ajoutai : « S'il vous plaît ! »

La piqueuse souriait : « Ah ! Les hommes, pas très courageux, hein ? Serrez le poing. »

En disant cela, elle piquait.

Je ne regardais pas mon sang qui coulait dans ses petits tubes. Elle les agitait, puis collait une petite étiquette sur chacun d'eux. Mais pour moi, néophyte en tout genre, je me posais la question que chaque piqué comme moi doit se poser : mon sang, après avoir été analysé, que va-t-il devenir ? Qui, en dehors des tubes, le recueillera ? Où finira-t-il ? Dans un lavabo ? Je plongeais alors dans une tristesse honteuse que je cachais en disant : « Merci, madame. »

Et j'ajoutais poliment : « À la prochaine fois ! »

Ce qui était de ma part un gros mensonge, comme à chaque fois que je devais me faire faire cette maudite prise de sang. Puis, sortant du laboratoire avec un air vainqueur, j'entrais chez le boulanger le plus proche et j'achetais deux croissants que je dégustais en marchant. Je chantonnais même entre deux bouchées en pensant : « Ridicule ! Je suis ridicule ! Je le suis et l'ai toujours été. Et je le serai toujours ! »

Cette affirmation bien posée, je continuais mon chemin, soulagé de m'être bien analysé sans payer un euro pour ma séance gratuite.

Revenons à mes céphalées : suivre clinique… L'heure du doppler approchait. Je me dis que c'en était fini de moi. Quelques camarades me pleureraient peut-être. J'aurais une ligne dans les journaux télé : « On apprend le décès du comique Daniel Prévost qui nous fit tant rire avec son reportage sur la ville de Montcuq et tant de personnages irrésistibles qu'il incarna dans des nanars de seconde et troisième zone. »

Immédiatement j'avais la réponse : « Je t'emmerde ! Et toi qu'as-tu fait de ta vie ? Que laisses-tu derrière toi ? »

Mes céphalées ne me quittaient pas. Je sortis de chez moi, la clinique était à deux pas. J'y allai à pied, courbant le dos, penchant la tête, croyant que cela me soulagerait quelque peu, mais non !

J'arrivai enfin à la clinique, et, m'adressant à la réceptionniste délicieuse, je dis :

« Je viens pour un doppler.

— Suivez la ligne jaune, c'est affiché au bout du couloir à gauche ! Doppler ! »

La porte vitrée était ouverte, j'entrai. Quelques patients assis attendaient, sans doute inquiets comme moi et je dis à la cantonade : « Bonjour ! C'est ici pour le doppler ? »

Sur cinq patients un seul répondit : « Oui, c'est là ! »

La moyenne d'âge était, si ma mémoire est bonne, d'environ 60 ans et plus. Un patient planchait sur des mots croisés, un autre était en pleine grille de Sudoku, une vieille femme lisait un hebdomadaire spécialiste des têtes couronnées. Bref, tous paraissaient très occupés, cachant leurs angoisses existentielles face au résultat de leur futur doppler. Quant à moi, je n'avais pas envie de lire ou de me plonger dans des mots croisés force deux, je ne pouvais aller plus loin et ce n'était pas le moment. Je ne pouvais me concentrer que sur ce mystérieux doppler. Qu'allait-il m'apprendre de si grave ? Puis un médecin fit son entrée : « La personne suivante, s'il vous plaît ! »

Le monsieur du Sudoku se leva péniblement à l'aide de sa canne et à petits pas sortit de la salle, suivi du médecin qui marcha au rythme du vieillard par politesse.

Tous deux disparurent et quelque temps plus tard, seul revint le médecin qui dit : « La personne suivante, s'il vous plaît ! »

Alors une pensée rapide me vint : « Ils font disparaître les vieux patients pendant le doppler, c'est sûr ! »

Ce sera certainement mon tour. Car j'ai atteint la limite d'âge. Alors silencieusement je joins mes mains et pardonne à ceux qui m'ont offensé et que j'aurais pu aussi offenser maladroitement, je demande que l'on ne me donne plus notre pain quotidien et que l'on prenne soin de ma chienne Freya, mon berger blanc américain que j'adore et qui n'a rien fait de mal, si ce n'est qu'elle demande des caresses souvent et surtout je recommande de ne pas lui donner trop à manger, car elle risque de trop grossir. À part ça, si je me compare au personnage de Landru, je n'ai rien fait de mal, sinon ça se saurait! Bah oui, la presse à scandale, les réseaux sociaux! Il n'y a pas de fumée sans feu…

Un médecin, le même que pour les autres, apparaît sur le seuil de la salle d'attente et lance : « La personne suivante, s'il vous plaît. »

C'est mon tour… Courageusement, je me lève sans regarder autour de moi ceux que je ne reverrai sans doute jamais et, essayant de ne pas trembler en marchant, je me dirige vers le docteur qui m'attend l'air indifférent. Je passe devant lui. Il me dit : « Suivez-moi. »

Je le suis du verbe suivre… Au bout d'un long couloir, il ouvre la porte de son cabinet où il va sans aucun doute me faire disparaître et me dit d'une voix neutre : « Entrez. »

Puis trois secondes plus tard : « Enlevez votre pantalon. »

Je comprends l'astuce : après avoir fait disparaître tous ceux qui sont passés entre ses mains et qui ont baissé leur pantalon, il a une autre activité : il possède un magasin de fringues, c'est sûr! Des fringues d'occasion, bien sûr. Ayant percé son idée, je suis pris d'un courage inouï pour mon âge et je dis, sans le regarder : « C'est obligatoire? »

Il répond : « Bah, c'est préférable, sinon comment voulez-vous que je fasse votre doppler? »

J'accepte sa réponse, un peu rassuré…

J'ôte mon pantalon. À ce moment, il ordonne : « Allongez-vous sur la planche ! »

Ce que je fais. Il approche sa machine à dopplériser, puis il me passe un liquide gluant sur le ventre, le nombril précisément, et les jambes. Ensuite, avec une souris comme celle de son ordinateur il parcourt les endroits qu'il a repérés tout en regardant sa machine.

Ma dernière heure est venue, nul besoin d'attendre plus longtemps. Je le savais. Au bout de quelques secondes, peut-être quinze, il cesse son examen et me dit : « Ne bougez pas, monsieur Prévost, je reviens avec un confrère, il y a quelque chose de bizarre dans votre examen, mais ne vous inquiétez pas, rien de grave ! »

Il sort assez précipitamment, je dois le dire, et ferme la porte de son cabinet.

Ah ! Si j'avais su ce qui allait m'arriver, j'aurais enfilé mon pantalon et je me serais enfui au Sahara direct, au Sahel, à Cabourg par le prochain train ! Mais qu'est-ce que j'ai fait ?... Mon manque de courage naturel me force à rester allongé et attendre... Trente secondes, c'est long pour attendre le pire... Et le pire arriva avec mon dopplériste suivi d'un grand homme en blouse blanche, au sourire carnassier. Mon cœur cogne de plus en plus fort. Que va-t-il m'annoncer ? Une catastrophe sans doute... J'avais raison. Le nouveau médecin me regarde avec un sourire et commence : « Bonjour, monsieur Prévost. »

Je réponds aussi poliment que lui : « Bonjour, docteur. »

Je pense à cet instant que plus je serai poli avec lui, moins j'aurai de chance de recevoir une mauvaise nouvelle. Hélas! mes prévisions étaient fausses. Après mon bonjour, il commence d'une voix douce : « Monsieur Prévost, vous ne me connaissez pas, mais voilà ce qui se passe : le résultat de votre examen montre précisément que votre carotide est en passe d'être totalement bouchée, ce qui veut dire que si on ne l'opère pas de suite, c'est-à-dire que si on ne la débouche pas, vous risquez d'être paralysé, je n'insiste pas sur les détails. Je suis chirurgien, vous ne me connaissez pas, mais je me permets d'insister. Cela peut être très grave. Vous avez le droit de voir d'autres confrères, mais j'insiste encore sur ce point précis, je le répète : vous risquez d'être paralysé à vie. »

Dans mon corps, mon sang ne fait qu'un tour, je blêmis. Ce n'est pas le moment de me lever de cette table d'examen, je ne tiendrai pas sur mes jambes et je m'écroulerai! Donc, je décide de rester allongé, essayant de penser à ce que je deviendrai si je suis paralysé! Impossible est français. Je n'y arrive pas. Les secondes passent, toujours les mêmes. Puis, pour une fois dans ma petite vie, je prends une décision, celle qui va me sauver de cette paralysie qui m'effraie. Je dis au chirurgien :

« C'est vous qui décidez, j'ai confiance en vous, je m'en remets entre vos mains. »

Mon chirurgien et mon dopplériste m'aident à me relever de la table d'examen. Je n'en mène pas large. Le chirurgien me dit, affable : « Rhabillez-vous ! La salle d'opération est au sous-sol. Allez doucement, l'accident peut arriver vite. Je préviens mes assistants. »

Il sort dans le couloir et téléphone à son équipe. Il me tient par le bras et nous descendons l'escalier qui mène à l'endroit où l'on va me déboucher la carotide. Conscient du danger imminent, j'appelle mon agent qui s'occupe de mes affaires artistiques et je dis à Marie, l'assistante :

« Prévenez Dany Boon que je ne pourrai pas faire son film dans trois semaines, car je vais me faire déboucher la carotide. »

Le chirurgien, à ce moment, me rassure : « Vous êtes sous ma responsabilité, ne vous inquiétez pas. »

Cela ne me rassure pas pour autant. Il me soutient en descendant au bloc opératoire. Les assistants du chirurgien sont tous là, au moins dix si ma mémoire est encore bonne. On me déshabille, on m'enfile une blouse verte et l'on me demande doucement de m'allonger encore sur cette table où l'on va m'opérer.

À ce moment, une envie pressante d'uriner survient et je dis au médecin près de moi : « Est-ce que c'est ridicule si je vous dis que j'ai envie d'uriner ? »

Le médecin me répond : « Non, c'est le stress. Je vais vous donner le pistolet ! »

C'est la première fois de ma vie que je vais uriner dans un pistolet. J'aurai tout fait dans ma vie ! J'urine dans le pistolet, pendant que le chirurgien se prépare, lavage des mains, etc. Le médecin me dit avant de me mettre un masque sur la bouche et le nez : « Allez ! À tout à l'heure ! »

C'est tout ce dont je me souviens. Trois secondes m'ont suffi. Et je m'endors certainement longtemps, car il doit faire nuit quand je suis réveillé par mon chirurgien et deux assistants éclairés par la lumière d'un couloir. Mon chirurgien déboucheur de ma carotide me dit : « Monsieur Prévost, ne vous inquiétez pas, nous avons été obligés de vous redescendre au bloc pour vous réopérer. Mais tout va bien. Dormez bien. Rien de grave. »

Ils s'éloignent et c'est à ce moment que je me rends compte que mon cou est entouré d'un énorme pansement, comme dans *Elephant Man* avec John Hurt, avec qui j'avais tourné le film de Raoul Ruiz, *L'Œil qui ment*. Puis je m'endors.

Je suis donc encore en vie. Bizarre. Ma carotide a été débouchée, c'est déjà ça mais tout compte fait, j'aurais préféré peut-être ne pas me réveiller. Je doute mais j'efface vite cette pensée devant le travail admirable de mon chirurgien et de son équipe de médecins assistants.

Les jours passent et je demande à mon chirurgien qui vient me rendre visite chaque matin si je serai sur pied pour tourner le film de Dany Boon, *La Maison du bonheur*. Il me répond : « Ça peut se faire ! »

Je suis soulagé. Et les jours sont longs, longs. Jusqu'à ce que mon chirurgien passe un matin et me dise : « Bien, on va enlever le pansement. Venez vers la glace de la salle de bains… Doucement, très doucement, ça peut vous faire drôle, un petit choc… Voilà, c'est terminé. »

Je me contemple dans le miroir. C'est bien moi. Aucune trace de la fuite de ma carotide en vue. Rien, si ce n'est une large trace de sang rouge et jaune qui s'étend de la base de mon cou jusqu'au milieu de ma poitrine.

« Vous allez rester à la clinique encore quelques jours et vous pourrez tourner ! »

Les quelques jours annoncés passent et le chirurgien, un matin, à sa visite me dit : « Bien. Vous pourrez sortir demain. Et le soir du premier jour de votre tournage, appelez-moi pour me raconter comment s'est passée votre journée, d'accord ? »

Deux jours plus tard, je tournais le film de Dany et je me sentais réellement épuisé en plein milieu de cette première journée, mais je fis semblant d'être très en forme. Au tournage, l'équipe ne s'aperçut de rien.

Seule, peut-être, la maquilleuse vit la cicatrice de mon opération et me dit :

« Qu'est-ce qui t'est arrivé ?

— C'est rien, répondis-je, je me suis fait opérer d'un ongle incarné. »

Elle fit semblant de me croire en ricanant.

« Tu peux m'arranger ça ? fis-je. Tu me mets une grosse couche de maquillage, je compte sur toi, d'accord ? »

Elle fit de son mieux et je l'en remerciai.

Mais si l'on regarde le film et les gros plans sur moi, on peut aisément voir sur le côté gauche du cou, comme une longue estafilade, vestige de ma vieille carotide toute neuve malgré mon âge avancé.

Il faut que je vous précise que pour mon premier jour de tournage, dans une des scènes prévues, je devais tomber d'un balcon quelques mètres plus bas sur le toit d'un camion.

Quand j'y pense ! Mais j'ai réussi à le faire !

10
Histoires courtes

20 octobre 1939, date de mon anniversaire. Une date qui doit rester secrète car le monde est jaloux et me croit plus jeune. Certains voudraient que je laisse ma place dans les médias. J'ai lu récemment sur Internet que j'étais mort. C'est la seconde fois en deux ans. Et je lis sur les réseaux sociaux mes exploits : la ville de Montcuq, *Le Dîner de cons*... Chaque ligne me rappelle un souvenir.

Je vais vous raconter ce qu'il m'est arrivé sur le tournage du film *Lucky Luke*, en Argentine, en 2008.

Je suis parti à Buenos Aires tourner trois semaines, puis je suis rentré en France pour deux semaines, et je suis reparti finir le tournage durant trois semaines.

C'était l'été là-bas, il faisait très chaud, entre 38 et 45 degrés. Nous tournions à l'intérieur dans un « saloon » et mon costume était un peu épais pour la saison. Le tournage se passe bien, toute l'équipe est très sympathique et les journées sont longues (heures supplémentaires).

Un soir, après une longue journée de tournage, le réalisateur me dit : « Daniel, tu ne tournes pas pendant quatre jours d'après le plan de travail. Profites-en pour visiter la ville et si tu veux tu peux même aller en Uruguay qui est à vingt minutes de bateau. C'est un joli pays, on se croirait en Suisse ! »

Ma femme qui m'accompagnait sur ce film me dit : « Demain, on pourrait partir en Uruguay. »

J'acceptai et nous décidâmes de partir vers dix heures du matin le lendemain.

Le matin de notre départ, le réalisateur me téléphone vers huit heures et me dit : « Désolé, Daniel, finalement tu tournes aujourd'hui, on a modifié le plan de travail. »

Donc, on m'emmène sur le tournage, on me laisse dans ma loge en attendant mon tour. Cette loge était mal aérée et il y régnait une chaleur étouffante. Les heures passent, personne ne vient me chercher pour aller sur le plateau, je demande ce qu'il se passe. Et là, le réalisateur me dit : « Finalement, tu ne tourneras pas aujourd'hui, je suis désolé. »

Je suis resté enfermé dans ma loge, une étuve, pour rien !

Le lendemain, je n'étais pas censé tourner, il me reste trois jours de repos. Étant un peu fatigué, je décide que nous visiterons Buenos Aires, et que nous passerons en Uruguay le lendemain.

Mais le lendemain, le réalisateur m'appelle et me dit : « Daniel, aujourd'hui tu tournes, on a modifié le plan de travail, je suis désolé. »

Pas autant que moi ! Je suis furieux, mais on est obligé de se plier aux aléas du tournage et d'être disponible à tout moment.

Je tourne toute la journée et le soir, on me dit que le lendemain j'ai quartier libre. Eh bien ! même s'il me restait une journée pour aller en Uruguay, je n'en avais plus la force.

Depuis, dès que j'entends parler de l'Uruguay, c'est comme si c'était pour moi « l'inaccessible étoile » que chantait Jacques Brel.

J'ai tourné *La Vérité si je mens ! 2* en Tunisie. Nous étions sur un voilier en pleine mer. Gilbert Melki en hors-bord devait entrer en collision avec notre voilier. Moi, j'avais le mal de mer qui augmentait de plus en plus. Un peu plus loin, les skippers du voilier préparaient leur déjeuner (des spaghettis à l'ail). L'odeur montait et du coup je suis allé directement vomir mes tripes mais par-dessus bord. Mais je dois dire que ce tournage a été une grande joie pour tous, qu'est-ce qu'on a ri !

Le cinéma permet parfois de faire de belles rencontres avec des grandes stars.

Un jour, je me trouvais au Drugstore Publicis, avenue Matignon, j'attendais mon tour pour régler le livre que je venais de choisir quand je vis juste devant moi Orson Welles.

Je lui ai dit : « Bonjour, monsieur Welles. »

Il m'a souri et m'a répondu : « Bonjour. »

J'étais très heureux de ma journée grâce à lui.

Pour en revenir à mon grand ami Jean Yanne, un jour il me dit : « Moi, j'aurais aimé être Peter Ustinov. »

En effet, Peter Ustinov était très spirituel et très proche de la vision du monde de Jean. À l'occasion d'une émission de radio que je fis avec Michel Drucker, j'eus le plaisir de rencontrer Peter qui, bien qu'étant sujet britannique, parlait très bien le français, le russe, l'anglais, l'italien et l'allemand. Il avait des origines diverses, et écrivait des sketches, et possédait des dons d'imitateur… Bref des talents multiples, et puisqu'il parlait admirablement le français il participa même à l'émission *Les Grosses Têtes*. Une belle rencontre.

Mon ami Jean Yanne était également très brillant et très cultivé. Je lui décerne sans conteste le premier prix de camaraderie et le prix d'excellence de la gentillesse parmi toutes les personnalités que j'ai rencontrées dans notre métier. Jamais je ne l'entendis se fâcher ou hurler, contrairement aux autres professionnels de la télé ou du cinéma, qui usaient de leur pouvoir démesuré et terrorisaient tout le monde. Il restera, pour moi, irremplaçable.

Jamais je n'aurais pensé avoir la chance de rencontrer et de jouer avec Gérard Depardieu.

Nous avons tourné ensemble *Uranus*, en 1990. Le premier jour de tournage, il s'est passé un phénomène rare. J'arrive sur le plateau où se trouvaient Gérard et Philippe Noiret. J'appréhendais cette rencontre mais soudain il s'est passé quelque chose en moi, je ne ressentis plus de trac, ce trac qui me paralysait auparavant.

Depuis ce film *Uranus*, je n'ai plus eu le trac. Cela restera un mystère pour moi.

11

Avant d'être une star, je fus un petit garçon

Lorsque j'étais petit garçon, en vacances dans un petit village de Normandie chez ma tante Marinette et mon oncle Gabriel, Biel pour les intimes, le dimanche était le jour le plus redouté par ma tante. En effet, mon oncle, sous prétexte d'aller chercher le pain du soir chez notre boulanger qui était également cafetier, sortait de la maison vers quinze heures et ma tante l'attendait le reste de la journée. Puis, lasse de ne pas le voir revenir, elle se décidait à aller le chercher. Elle s'attendait au pire, dont elle avait l'habitude : elle ramènerait mon oncle chancelant, le tenant sous le bras. Il avait passé la journée avec des poivrots comme lui, dans l'odeur du pétrin et des baguettes toutes fraîches à l'odeur de Pastis et de Martini… Le boulanger aussi était saoul, mais il était aidé par la boulangère qui surveillait son petit monde heureusement. Ma tante poussait la porte de la boulangerie qui faisait bistrot et disait d'une voix douce : « Allez, Gabriel, viens, c'est l'heure de la soupe ! »

Puis elle l'aidait à se lever de sa chaise devant ses camarades qui jouaient à la belote entre trois gorgées et que rien ne dérangeait, le prenait sous le bras tandis que les autres lui lançaient un : « Allez, salut, Gabriel, t'es saoul, la revanche, t'aurais dû mettre ton as de pique, à dimanche prochain ! »

Et ils sortaient tous les deux, tandis que ma tante Marinette le ramenait à la maison à deux cents mètres de la boulangerie-bistrot. Gabriel râlait et disait :

« T'as vu, l'autre Bébert qui dit que je suis saoul ! Hein que je suis pas saoul ! Hein que je suis pas saoul, la mère ?

— Mais non t'es pas saoul, Gabriel ! T'es juste un peu fatigué. »

Ayant prévu le pire qui arrivait chaque dimanche, ma tante Marinette avait caché sous le matelas du lit conjugal le pistolet 6.35 que mon oncle emportait pour faire ses rondes la nuit à l'usine Carel et Fouché qui construisait des wagons pour les futurs trains. Le dimanche, il avait congé. Ma tante le couchait et le lendemain, frais comme une rose de Picardie, Gabriel se levait et frappait Bijou le chien qui avait volé un bifteck. C'était sa vie. Il avait épinglé sur le mur de la cuisine une carte de France avec les étapes du Tour de France et les vainqueurs quotidiens. Sa préférence allait pour le champion populaire Robic. Il avait ses défauts mais je l'aimais, c'était ma famille. Jamais il ne m'avait dit un mot sur ma mère sans mari. Quant à ma cousine Huguette, c'est elle qui m'apprit à danser la valse sur le plancher des vaches dans ce petit village où, je l'ai dit, je passais mes vacances. Parfois ma mère, célibataire encore, venait me voir et nous passions deux jours chaleureux avec câlins au lit jusqu'au jour où elle me demanda un matin au réveil : « Qu'est-ce que tu dirais si je me mariais ? »

Ce matin-là, la foudre tomba de bonne heure sur ma tête. Je me rappelle seulement que je répondis :

« C'est le monsieur qui t'aide à accrocher ton vélo le matin à l'imprimerie où tu travailles ?

— Oui, c'est lui », répondit-elle.

Elle avait déjà évoqué cet énergumène, mais je n'y vis pas d'intérêt. Hélas.

J'avais 11 ans et ce fut la plus mauvaise nouvelle qui transforma ma vie entière en cauchemar.

Jusque-là, il avait pris la femme, puis le vélo, puis hélas l'enfant pour son plus grand malheur !

Je ne comprenais pas. La femme et le vélo suffisaient largement, mais pourquoi l'enfant ? Pourquoi s'embarrasser d'un enfant ? Et pourquoi l'enfant s'embarrasserait-il d'un faux père ? Nous vivions bien avec ma mère et ma grand-mère dans notre deux-pièces à Vincennes et moi, allant à l'école communale, ma petite main dans la main de ma grand-mère sur le chemin de l'école, sous la protection de madame B. que j'aimais tant, ainsi que de madame Gonod, mon institutrice, qui mourut brutalement et qui fut mon premier grand chagrin d'enfant.

Dans ce que j'écris ce jour, je précise que je ne me plains pas. Je constate avec amertume et j'ai conscience que d'autres enfants et d'autres adultes ont subi des événements plus douloureux que moi. Cela n'empêche pas de constater au fil des années que je n'oublie rien et que me reviennent régulièrement ces faits que je voudrais oublier, mais rien n'y fait. Mes souvenirs rôdent et reviennent empoisonner des événements de ma vie dont je m'efforçais de penser qu'enfin ils allaient être heureux. Je me suis trompé, c'est sûr. Tant pis, ce sera pour une autre vie, et c'est pour cacher ce misérable tas d'ordures que je fais rire, ce qui fait ma célébrité dont je me fous.

Jadis, il y avait à la radio une émission dont le titre était : *Qu'avez-vous fait de votre vie?*

Et qu'ai-je fait de la mienne? Parlez-moi de résilience, d'introspection, de travail sur soi, de rien, s'il vous plaît, il est trop tard. Égrenez pour moi vos souvenirs heureux et buvons à la santé qui vous reste. J'ai aimé toute ma famille de Normandie, même si elle était pauvre, avec un langage qui ne sortait pas de l'université, mais c'est là que j'y fus le plus heureux. Une dernière image me vient, c'est celle de ma tante Marinette qui disait au déjeuner : « Je vais fatiguer la salade. »

Alors elle plongeait ses mains dans le saladier et elle tournait les feuilles de salade avec énergie. Puis, à la fin du repas, elle s'endormait sur la table tandis que Bijou le chien lui léchait les joues et ma tante faisait semblant de pleurer tandis que Bijou hurlait à la mort en l'entendant. Alors ma tante cessait. Bijou était un berger, un bas rouge que j'adorais, de là vient mon amour inconditionnel des chiens. Tous. Un bémol sur mon affection. Mon oncle possédait un jardin ouvrier prêté par l'entreprise dans laquelle il passait la nuit. Un jour, mon oncle bêchait le jardin et me donna un coup de bêche sur la tête, sans le vouloir, je le précise. Il s'excusa : « Oh ! Pardon, mon canari ! »

Ma tante et mon oncle me surnommaient ainsi. Je n'aurais pas prêté attention au coup léger porté par mon oncle, si ce n'est que quelques minutes plus tard mon oncle se lançait dans un discours où il était question de : « Ah là, là ! ces crouillats ! Tu pouvais pas te reculer et faire attention ? » Tout en donnant des coups de bêche nerveux à la terre de son jardin. Je n'entendis pas ce mot mais j'eus connaissance d'un autre chez ma marraine, à Vernon.

Sur le coup, je ne compris pas de quoi il s'agissait. Le mot « crouillat » ne me disait rien. C'était la première fois que je l'entendais. Curieusement, ce mot resta dans ma mémoire : « Répète "les crouillats", mon canari ! »

Je répétai « les crouillats » innocemment en rigolant légèrement pour faire plaisir à mon oncle, sans savoir qu'il devait s'agir de moi. Et d'ailleurs, pourquoi aurais-je eu connaissance de ce mot ?

À Vernon, mon vocabulaire s'élargit. Je garde l'image de ce petit garçon sans père que j'étais, assis sur une marche d'escalier de la maison de ma marraine. Elle est assise sur une autre marche et son beau-père ou quelqu'un d'autre peut-être est à ses côtés et lit un journal. Et il y a aussi une voisine « Clotilde », qui rend visite à ma marraine. Cette dame, passant sa main dans mes cheveux dit : « Quels beaux cheveux frisés il a ce petit garçon ! »

À cet instant, l'homme répond vivement : « C'est normal, c'est un bicot ! »

Cette réflexion resta gravée dans ma mémoire sans que je la comprenne. Je ne le rapprochais pas de « crouillat » que mon oncle avait dit dans son jardin ouvrier. Mon vocabulaire demeurait pauvre mais solide puisque soixante-quinze années plus tard je m'en souviens encore. Mon vocabulaire s'enrichit de deux nouveaux mots : « bicot » et « crouillat ». Plus tard, j'appris leur sens méprisant et injurieux. Pourtant, sans rien connaître de mon identité, jamais je n'aurais pensé qu'ils s'adressaient à moi ! À l'adolescence seulement, je commençais à me poser la question de leur sens, mais je ne parlais à personne de cette préoccupation majeure qui tournait dans ma tête puis disparaissait, obsédante. D'autant plus que ma mère s'était trouvé un compagnon qui prit la mère et l'enfant. Ce qui donnait comme résultat que j'avais un faux père de substitution. Ils se marièrent et n'eurent pas d'autre enfant que moi. Heureusement, car souvent je me suis posé la question : « Que serait devenu le petit Daniel si le faux père avait eu un garçon ? Est-ce que mon faux père aurait eu une préférence pour son vrai fils ? »

Je me refuse à donner la réponse… tant elle me fait mal.

Alors commença le long chemin vers la connaissance du vrai père. Mais ceci est une autre histoire qui fut racontée dans *Le Pont de la révolte.* Disons que cette découverte ne m'apaisa pas. La question reste posée : « Ai-je bien fait de chercher la vérité qui me hantait ? »

Impossible de refaire la vie à l'envers. Continuer avec ce fardeau. La transmission, seule, reste valable si au bout de l'histoire il y a explication. Cependant, le refus de la mère qui resta silencieuse jusqu'à sa mort attise sans cesse mon malaise et c'est pour ce silence que je parle, je parle de n'importe quoi, jusqu'à mon dernier souffle avec une formule comme celle de Villiers de L'Isle-Adam : « On s'en souviendra de cette planète ! »

En voici quelques-unes de mon invention :

« La création n'est pas parfaite ! Moi non plus ! »

« Dire que tout cela est tombé sur moi ! »

« Silence ! je pense à vous ! », et la suite d'un poème de Bertolt Brecht :

« Vous qui émergerez des flots dans lesquels nous aurons sombré… »

Vous ne perdez rien pour attendre !

Moi non plus.

Je reviens au petit garçon de 5 ans que je fus avant d'être la star internationale que je suis. Nous sommes en 1945. Une guerre se termine, une autre suivra, puis une autre, ainsi va le monde. Nous habitons tous les trois chez ma grand-mère, concierge 21 rue de Naples. Sa loge est petite et le lit encombre presque entièrement la loge. Nous dormons dans ce lit et moi, je dors tête-bêche, ma tête aux pieds de ceux de ma mère.

Ou de ma grand-mère, je ne sais plus. En écrivant ces souvenirs, j'ai comme l'impression de raconter *Les Misérables*, et là je m'identifie à Gavroche :

« Je suis tombé par terre, c'est la faute à Voltaire

Le nez dans le ruisseau, c'est la faute à Rousseau… »

Un matin d'avril, j'écris avril, ça fait chic, ça sent le printemps. Nous sortons, ma mère, ma grand-mère et moi, cette scène me revient : nous sommes sur un pont qui enjambe deux endroits de Paris et tout à coup, un homme surgit et spontanément, je crie « Papa ! » et je cours vers lui ! Immédiatement, ma mère vient vers moi, et, m'arrachant le bras et me dirigeant vers lui, me gronde et me dit : « C'est pas ton père ! » L'homme me regarde avec insistance et me lance un « Daniel ! », tandis que nous filons tous les trois, ma grand-mère, ma mère et moi, je ne sais où, mais nous filons peut-être vers la gare Saint-Lazare proche de nous. Pour aller où ? Peut-être en Normandie où réside la famille normande ! Cette scène, je ne l'ai jamais racontée sauf quelques dizaines d'années plus tard à mon psychanalyste à qui je relate la scène et il me répond simplement : « Vous avez peut-être rêvé ! »

Si j'avais été courageux, je lui aurais répondu : « Et ta sœur ? »

Voilà ! Il avait trouvé la conclusion. Pour trois cents francs de l'époque ! Nous sommes en 1994, l'année de mon « voyage retour au bled » ! Que je vais découvrir.

Je ne peux passer sous silence ma période de psychanalyse qui dura trois années et commença après que j'eus effectué mon voyage en Algérie, afin de renouer des liens avec une partie de ma famille dont j'avais été éloigné par le mutisme permanent de ma mère. Jamais je n'avais osé parler de l'absence du père puisque ma mère m'en avait trouvé un de substitution. C'était compter sans ma curiosité bien enfouie en moi et qui me rongeait de plus en plus au cours des années. Bref, j'ai tout raconté dans *Le Pont de la révolte*. J'allai donc en Algérie rencontrer ce qui restait de ma famille. Ce qui fut pour moi le choc de ma vie, et quand je revins du bled je racontai mon voyage à mon ami médecin, Luc M., qui me dit : « Va consulter de ma part le docteur D. Ça te fera du bien. Tu as besoin de mettre de l'ordre dans ta tête. »

Je lui demandai alors :

« Il y a beaucoup de cas comme moi ?

— Oh ! Tu n'imagines pas ! Va voir le docteur D. de ma part. »

Je me demandais comment cela allait se passer… s'il me poserait des questions sur ma vie privée, ma sexualité, si je pouvais lui mentir, s'il allait m'injecter le sérum de vérité. Tout d'abord, je téléphonai au docteur demandant un rendez-vous. Il me rappela et nous convînmes d'une première rencontre. Le jour vint où je ne pouvais plus reculer et, courageusement, je me dirigeai vers l'homme qui allait peut-être fouiller mon âme et exhumer des douleurs cachées, des secrets enfouis, j'en avais beaucoup, comme tout le monde.

Y aurait-il une salle d'attente ? Des patients impatients de soulager leur « moi » chancelant ?… Non ! Personne dans la salle d'attente qui me fit penser à un domicile japonais, plein de sérénité, quelques gravures de paysages de montagne, un voilier sur la mer, rien de transcendant. Moi seul dans ce lieu, comptant les minutes, les secondes. Enfin, la porte du cabinet s'ouvrit et je découvris le psychanalyste tant attendu.

« S'il vous plaît ! » Ce furent ses premières et dernières paroles lors de cette séance. Il me tendit une chaise. Je m'assis et le silence s'installa entre nous. Il était installé à son bureau, sans me regarder, pensif sans doute, écoutant sûrement ce que j'allais dire, mais je restai silencieux. Que lui dire ? J'attendais une phrase de lui qui ne venait pas. Je me résignai et commençai : « Voilà, c'est votre ami le docteur M. qui m'a conseillé de venir vous consulter parce que j'ai un problème d'identité. Je suis Français et ma mère m'a caché que mon père était Algérien, un Kabyle précisément. »

À cet instant, je me tus et décidai de ne plus rien dire, considérant que j'en avais assez dit et que c'était à lui de parler. Mais comme il ne s'exprimait pas, et que je trouvais que le silence entre nous devenait gênant, je sortis toutes les banalités qui me passaient par la tête : « Je viens de loin, j'en ai pour quarante minutes de métro pour arriver jusqu'à vous et quarante minutes retour, c'est une journée bien remplie. Cela dit, heureusement que c'est ma femme qui fait la cuisine, sinon j'arriverais trop tard pour faire les courses ! Et ce soir c'est l'anniversaire de mon petit dernier, il a

6 ans aujourd'hui ! Vous vous rendez compte ! Comme le temps passe ! Je ne sais pas si vous avez des enfants, d'ailleurs ça ne me regarde pas ! Vous en avez ? »

À ces mots, mon psy me dit : « Bon ! On va s'arrêter là pour aujourd'hui. »

Il consulte son agenda et me propose : « La semaine prochaine, jeudi prochain à quinze heures trente, ça vous convient ? »

Je n'osai dire « non » :

« Oui, bien sûr ! Combien je vous dois ?

— Trois cents francs. »

Je réglai la somme, me levai au même moment que lui qui empocha le fruit de son travail, me montra la porte, l'ouvrit. Je sortis et il me dit : « À la semaine prochaine ! »

J'étais perplexe, me demandant : « Combien de temps ça va durer ? Je vais réfléchir ce soir et je vais d'abord regarder *Le Dîner de cons*. On verra si je continue… »

On m'a dit qu'une psychanalyse dure cinq ans ! Est-ce vrai ? En ce qui me concerne elle dura le temps d'une séance où je pensais avoir exhumé des secrets familiaux, tout raconté : le trajet en métro, l'anniversaire de mon fils qui allait avoir 6 ans le jour de ma première et dernière séance. Je considérai que j'avais raconté le plus important. Qu'aurais-je pu dire de plus ? Que ma grand-mère ne faisait plus de vélo depuis longtemps ?

Que j'allais chaque week-end dans notre maison de campagne située à cent cinquante kilomètres de la capitale ? Que j'allais foutre mon poing dans la gueule de mon DRH dans peu de temps, car j'en avais marre de le voir penché sur mon ordinateur et surveiller mes temps de pause ? Non. Cela ne regardait que moi, rien que moi et non ce connard de psychanalyste muet comme une carpe et dont l'envie me prenait de lui plonger la tête dans un bocal, ne serait-ce que pour entendre ses glouglous qui justifieraient la somme que j'allais lui donner après un silence d'une demi-heure. Avant de rentrer chez moi, je fis une halte chez mon fleuriste et achetai un bouquet de roses, trois suffiraient pour mon épouse. J'ouvris la porte de notre appartement, lui tendis les trois roses rouges et lui dis :

« Tiens, ma chérie, je suis guéri ! Maintenant, c'est à ton tour, je te laisse la place, j'ai pris rendez-vous pour jeudi. Tu pourras parler une demi-heure sans t'arrêter. Ça ne te changera pas, c'est pour rire, bien sûr ! L'homme est charmant, très attentif et silencieux. Il ne te posera aucune question. Ça vaut le coup, non ? Je te le répète : tu pourras parler pour ne rien dire. Ou alors tu pourras raconter tes plats préférés, tes chanteurs et chanteuses préférés, tes auteurs préférés, les films que tu adores ! N'aie crainte, il s'en fichera et il oubliera tout ce que tu lui auras dit à la fin de la séance lorsque tu auras réglé son travail et, tu verras, tu te sentiras soulagée comme je le fus moi-même. »

Plus tard me reviendront ces séances de silence-confessions, fausses confessions. Un ami m'a dit qu'il avait menti à son psychanalyste pendant vingt ans. C'est si facile alors de mentir ? Il n'y a aucune culpabilité ? Chouette ! Je raconterai encore quelques pages plus loin mes séances chez mon psy. Je sais qu'on dit « psy », ça fait chic et intellectuel.

Quelques années plus tard, un de mes amis, psychiatre, me dit que cet homme s'était suicidé, emportant peut-être le secret de ma drôle d'histoire. Mieux vaut garder le secret si cela fait des morts… Mais je ne le savais pas. J'espère que ce n'est pas mon histoire qui l'a poussé à se suicider, mais combien d'histoires horribles, affreuses, a-t-il entendu avant de partir et de quitter ce monde ?

Peut-être est-il en train de psychanalyser Dieu qui n'a rien d'autre à faire, silencieux, veillant à la marche du monde qui marche si bien ! C'est mon souhait le plus cher.

Un épisode de ma période scolaire manquerait dans mon existence. Je commencerai par mon entrée en sixième au collège Turgot. Blancard, le surveillant des études, avait perdu un bras au début de la guerre.

La cruauté des élèves l'avait surnommé : VTP, qui signifiait en langage codé « Vache à trois pattes », mais je suis sûr qu'il était très gentil. En revanche, il surveillait les entrées et les sorties des élèves, dont certains tentaient de partir avant l'heure et de « sécher » une matière, physique, atelier de fer ou de bois. Mais le grand surveillant maigre et redoutable rôdait dans les escaliers pendant les interclasses et, avec son petit calepin à la main, il repérait sadiquement les élèves qui se bousculaient et qui, pour se détendre, chahutaient. Alors, Blancard, d'un doigt vengeur, repérait l'élève, lui demandait d'approcher. L'élève obéissait et le surveillant lui demandait son nom et sa classe. L'élève avait compris à quoi il pouvait s'attendre. Deux heures de colle, ou trois, pour la semaine suivante. Le carnet de correspondance devait être signé par les parents et montré au surveillant Blancard. Et l'élève, moi en l'occurrence, devait faire signer la faute et l'expier. Un jour, je rigolais dans la cour de récréation avec un copain qui s'appelait Naillou. Il m'avait raconté que parfois il épiait sa sœur au moment de faire sa toilette et ce jour-là je lui demandai innocemment : « Dis donc, Naillou, tu pelotes toujours ta sœur ? »

Hélas pour moi, un professeur de gymnastique, Guimier, m'entendit. Ce fut la catastrophe. Renvoyé trois jours, puis revenu au collège, accompagné de ma mère, avec un arrêt chez le censeur des études qui me sermonna : « J'espère que cela te servira de leçon, n'est-ce pas ? D'ailleurs, redis-moi pourquoi tu as été renvoyé du collège ? »

Devant ma mère, je décidai de garder le silence. Je me mordis la langue et ne répondis pas, puis le censeur abrégea mon supplice et dit : « Allez, file, retourne en classe ! »

Puis s'adressant à ma mère : « Merci, madame, de vous être déplacée ! »

J'ai maudit cet homme, censeur des études, et Guimier, professeur de gymnastique, qui me détestait. Pourquoi ? Je ne le sus jamais. Quant à Blancard, que nous appelions aussi « Fantomas », tout le collège Turgot le détestait. À la vérité, c'étaient des francs crétins sadiques. À présent, ils sont morts. J'espère qu'ils n'ont pas eu d'enfants. Ce serait une bonne punition. Chouette ! Ils ne m'ont rien appris mais je me rappelle leurs visages, leur façon aigre-douce quand ils me jugeaient.

Cependant, l'histoire de Massénat, mon professeur de français, est singulière par sa méchanceté et son refus d'accepter mes premiers pas de comique dans la classe de français. En effet, j'avais commencé des cours de comédie à la mairie du dixième arrondissement en cachette de mes parents, aux antipodes de leur métier. J'ai dû payer pour l'année dix francs de l'époque en 1954, pour m'inscrire au cours que donnait

Harry Krimer, acteur qui joua Rouget de Lisle dans le *Napoléon*, d'Abel Gance. Il me prit en sympathie et parfois le dimanche il m'invitait à déjeuner à Villebon-sur-Yvette. Madame Krimer préparait une côte de bœuf et, le déjeuner achevé, monsieur Krimer me faisait travailler une scène dans l'espoir que je sois reçu au Conservatoire où je pensais briller. Hélas ! Ce fut le contraire.

Nous attendions dans le couloir mes camarades et moi. Chaque élève-candidat attendait son tour. Puis l'appariteur appelait un élève qui faisait son entrée sur scène. On ne voyait pas le jury dans la salle obscure. Ce jury était composé d'acteurs prestigieux de la Comédie-Française, ma chère ! Chaque élève devait proposer une scène de son choix, mais l'affluence était telle que l'élève devait s'arrêter au coup de sonnette qui retentissait, il n'allait jamais au-delà de quatre répliques. Un « merci » venait de la salle non éclairée afin de ne pas repérer les professeurs qui nous jugeaient. Quelques jours plus tôt, il était d'usage de se présenter à un professeur que l'on croyait susceptible de voter pour nous au concours d'entrée. Je fis comme mes camarades : je me présentai à un professeur très connu qui me regarda fixement, prit ma main droite, cacha avec ma main tout mon visage excepté mes yeux, me regarda un moment et dit, en conclusion : « Toi, comédien d'avant-garde, théâtre expérimental ! »

C'était dire n'importe quoi à un jeune homme timide! Ça ne coûtait rien. Et ce jeune se souvient de cette phrase magnifique d'imbécillité jusqu'à ce jour où elle passe à la postérité. Mais le premier bide auquel j'eus droit, ce fut en classe de première au lycée Turgot que je le vécus. Cette année-là, nous devions étudier *Le Misanthrope*, de Poquelin, dit Molière. Le professeur me dit : « Prévost, lisez le personnage d'Oronte, s'il vous plaît! »

C'était la scène du sonnet qu'Oronte vient présenter à Alceste.

Ce que je fis, peut-être un peu trop, c'est mon défaut…

Le professeur m'interrompit et me dit : « Prévost, moins vite, s'il vous plaît! »

Je répliquai : « Mais, monsieur, Oronte arrive, pressé d'être l'ami d'Alceste!

— Oui, mais je ne le vois pas de cette manière! »

Devant mes camarades, j'étais vexé mais je continuai, sur le même rythme, jusqu'à ce que m'interrompe le professeur d'un brutal : « Bon, ça suffit, Prévost! À vous, Charbonnier! Continuez la scène! »

Charbonnier continua sur un ton monocorde qui dut plaire au professeur, car l'élève termina la scène.

Tous mes camarades savaient que je prenais des cours de théâtre. Alors que j'aurais dû briller ce jour-là, j'avais honte! Il faut bien un début à la honte, non? Pour moi, ce fut ce jour-là ! J'en veux toujours à ce professeur. C'est lui qui écrivit sur mon livret de bac : « Beaucoup de prétentions, peu de capacités ! »

Quant à lui, grâce à moi, il est passé à la postérité, car, dans chaque livre que j'écris, je n'oublie jamais de rappeler cette belle formule aux lecteurs ! C'est ma vengeance permanente jusqu'à la fin des temps. D'ailleurs, cet homme, toujours vêtu d'un manteau noir, a-t-il vendu des livres ? A-t-il reçu le prix Nobel de littérature même sous un faux nom ? Est-ce lui qui aurait écrit *La Cuisine pour tous*, de Ginette Mathiot ? Je n'y crois pas. Et d'ailleurs : savait-il cuire un œuf ? Même à la coque ? J'en doute. Bref, je me souviendrai toujours de son long manteau noir qu'il portait à l'époque, dans les années cinquante ; qu'en a-t-il fait ?

Ah ! À propos de scolarité, le mari de ma mère, un fieffé tordu, décida que l'année de la seconde, puisque j'avais raté le BEPC une première fois, je devais redescendre de classe et, en plein milieu de la seconde, il demanda au censeur des études, un brave type, que je retourne en troisième ! L'idée était incongrue. Je ne fis pas long feu, car le professeur de français de la classe de troisième considéra que c'était une imbécillité profonde et me fit retourner illico en seconde pour terminer l'année scolaire. C'était une très bonne idée puisque je passais en classe de première et ratai mon baccalauréat avec les notes suivantes : zéro en math et un demi en physique ! Pour moi, c'est un triomphe absolu. Pourquoi ?

Parce qu'en physique je choisis, parmi les trois sujets proposés, le plus simple : les miroirs convexes et les miroirs concaves ! Explication : parmi les deux sujets proposés, je choisis l'inverse des miroirs, c'est-à-dire que mon commentaire alla au miroir concave, que je considérai comme archi simple à expliquer tandis que celui du miroir convexe me semblait plus ardu. Hélas ! Ce fut le convexe que je me plus à commenter, pensant que j'étais dans le vrai commentaire. Là était l'erreur. D'ailleurs, dans ma carrière, je n'entendis jamais plus parler des convexes et des concaves. Je les oubliai. Alors une question se pose à l'Éducation nationale : que fait-on des matières qui ne serviront à rien ? Embrouiller les jeunes cerveaux des élèves ? Alors c'est du sadisme ! Vengeons-nous ! Cassons les miroirs ! Les convexes et les concaves qui ne servent à rien ! À rien, j'insiste ! Armons-nous d'un marteau et frappons-les ! Qu'ils soient fêlés, comme moi !

Pendant ma brillante scolarité, j'oubliai ce détail : j'eus un professeur de physique, au physique imposant, qui nous demanda en début d'année l'exercice suivant : nous devions du début du mois d'octobre au mois de juin préparer sur une planche en carton quelques insectes épinglés, des fruits de mer secs, bref, tout ce qui peut tenir sur une planche avec une épingle... Le temps passa et nous devions rendre nos planches remplies ! Mais de quoi ? Quelques jours auparavant, comme je n'avais rien préparé, je demandai à ma mère de me donner une langoustine que j'épinglais sur la planche, puis une crevette qui subit le même sort et enfin, une limace que j'avais ramassée en forêt. Je dois reconnaître que cela avait un parfum de mer du Nord qui ne me déplaisait pas. Mais les vacances étaient loin et comme je m'y attendais, quand le professeur jeta un œil à ma planche, il me dit : « Zéro, Prévost, bel effort ! »

D'autres de mes camarades recevaient des quinze, des seize, des treize ! Je jetais un coup d'œil à leurs travaux. Certes, il y avait du beau monde sur leurs planches, de magnifiques papillons aux couleurs éclatantes, rouges, jaunes, les ailes écartées, les aiguilles piquées sur leurs ailes étalées, des crevettes sèches, de belles langoustes roses, sèches et parfumées. Mais ma question était simple : comment avaient-ils fait pour remplir consciencieusement leur planche ? Les parents étaient-ils poissonniers ? Je stoppai vite mon idée d'enquête. Je m'en fichai ; un zéro de plus enrichissait ma moyenne. Ainsi, les années de lycée passèrent calmes et joyeuses à la fois. Je me distrayais comme je pouvais avec tir à l'élastique, boulettes de papier lancées sur mes camarades à qui je reprochais au fond de moi d'être studieux. Mais je ne les enviais pas. Je les plaignais, je plaignais leur futur. Je leur prévoyais cet avenir dans un bureau, une banque. Je m'imaginais dans cette banque, ce bureau, ce midi à la cantine avec des collègues, riant des blagues qu'ils se faisaient entre eux, autour d'une machine à café toujours en panne, car l'invention était toute nouvelle, je crois...

Mais avant d'entrer au Centre d'art dramatique, je travaillai dans une maison d'édition comme garçon de bureau dégagé de ses obligations militaires. Or, une jeune femme, assez belle pour mes 16 ans impatients de découvrir « l'éternel féminin », me demanda ce que je voulais faire plus tard. Je répondis que je voulais faire du théâtre ! Sa réaction fut très violente : « Du théâtre ? Quelle horreur ! J'aime pas du tout le théâtre ! »

C'était à l'heure de la cantine. Chacun des employés de cette maison d'édition avait fait chauffer sa gamelle sur les réchauds au bain-marie. Je n'adressais plus la parole à mon ennemie.

Comme je le faisais souvent à cette époque, je demandai mon congé juste avant la fin du mois d'essai. Le directeur du personnel était étonné : « Mais pourquoi, Prévost, désirez-vous partir ? Vous n'êtes pas bien chez nous ? »

Je n'avais rien à répondre. C'était le théâtre qui m'obsédait. Mais dans cette maison d'édition, je me souviens d'une jeune femme qui ne déjeunait pas mais tapait sur sa machine à écrire ancien modèle, sans discontinuer, un hypothétique roman. Quant à moi, après avoir distribué le courrier dans différents services, je rimais chaque jour des poèmes sur un petit carnet, que je récitais à mademoiselle Théron, une vieille fille très aimable qui régulièrement me félicitait :

« Que c'est beau, mon petit Daniel, que c'est beau ! »

Et je répondais : « Merci, mademoiselle Théron ! »

Non ! C'était nul, mais en y réfléchissant bien, elle voulait me faire plaisir. Elle me prenait sans doute pour son petit-fils, qu'elle n'avait pas eu le bonheur d'avoir.

Trois mois plus tard, encore une fois, je prenais congé de cet endroit, non pas que je m'y sentisse mal mais le théâtre, la scène, était mon eldorado. Je me jouais *La Ruée vers l'or* ! Qui, alors, aurait pu me comprendre ? Qui ? Mes parents étaient hostiles à cette profession. L'homme, qui se disait mon père, essayait de me persuader que le théâtre amateur était le meilleur et que le reste était « de la merde ». Plus tard, quand je commençais à jouer quelques pièces de boulevard, que je ne citerai pas, je me pressais de sortir des loges, de peur que mes camarades me voient avec eux ! Pourquoi ? Parce que le mari de ma mère ne faisait aucun effort pour s'habiller et que j'avais honte de lui ! Pas de ma mère, non ! De lui !

Passons sur ce détail qui dura plus de cinquante années. Le mot n'est pas juste, je devrais écrire : les trois quarts de mon existence.

Et quand j'étais enfant, j'attendais l'orange que m'offrait ma mère pour le 1er janvier. Pour prolonger Noël, je prenais le décamètre de ma mère dont elle se servait pour la couture, et je le plantais dans le pot où s'était réfugié le maigre arbre de Noël qu'elle avait acheté, et je l'enguirlandais avec la seule guirlande d'argent qu'elle avait achetée aussi. Ainsi, je prolongeais la fête, devant ma mère et ma grand-mère ravies :

« Hein, coco, disait ma grand-mère, t'as vu, il ne t'a pas oublié cette année encore le père Noël ; t'as pas encore ouvert ta boîte de Meccano Trix ? Qu'est-ce que t'attends ? »

Autre chose, j'attendais autre chose ! Mais quoi ? Je ne sais pas. Je détestais ce jeu où je devais visser les morceaux afin qu'ils ressemblent à une échelle, un train miniature, j'avais horreur de visser, revisser. Bref, je faisais semblant d'être passionné et je poussais de faux cris de joie afin que ma mère soit heureuse et ma grand-mère aussi ! Peut-être que chez madame B., ma bienfaitrice, le père Noël serait passé ? J'attendrais le jeudi suivant, jour où j'irais lui rendre visite, visite intéressée, avouerais-je. Qu'importe, j'étais un enfant, je me pardonne. Madame B. me disait : « Viens ! Tu vas prendre un bain. »

Elle me déshabillait et me plongeait dans l'eau chaude du bain et me frictionnait le corps avec cette éponge douce, puis elle couvrait mon corps d'une serviette chaude et pour moi, c'était ça Noël! Un grand bain avec de l'eau chaude. Je pensais que j'avais de la chance!

Tandis que chez ma mère et ma grand-mère, c'était le branle-bas de combat quand je disais à ma grand-mère : « Grand-mère, je voudrais prendre un bain! »

Alors ma grand-mère sortait la lessiveuse cachée sous l'évier et la remplissait d'eau qu'elle faisait chauffer sur le réchaud à gaz, et quand l'eau était bien chaude ma grand-mère disait : « Vas-y, coco, c'est assez chaud! »

Et je me trempais en repensant au bain chaud dans lequel madame B., ma directrice qui prenait soin de moi, délicatement me posait... Dans mon cerveau d'enfant, il n'y avait aucune aigreur. Aucune comparaison! Je faisais mes ablutions.

Cela aurait pu durer longtemps si ma mère n'eût pas rencontré à l'imprimerie où elle était secrétaire de direction, l'individu dont j'ai déjà parlé et avec lequel elle se mit en ménage. J'ai déjà écrit qu'il avait une spécialité : les soirs, lorsque nous mangions des haricots verts que j'avais épluchés, il me disait : « Tiens! Profites-en pour te laver avec l'eau des haricots verts, elle est chaude, vas-y! »

Et ma mère ricanait en lui donnant raison. Elle avait tort!

Elle le savait mais elle n'osait rien dire. Elle était sûrement trop contente d'avoir son enfant et un mari qui l'avait accepté. Il eût fallu, à mon avis, qu'elle eût fait un essai de vie commune avec lui, mais hélas, il resta avec elle jusqu'à sa mort. Je passe les détails déjà révélés dans d'autres livres. Et je me disais souvent : « Mais pourquoi faut-il que ça tombe sur moi, pourquoi ? »

Aucune réponse ne m'est jamais parvenue jusqu'à ce jour, aucune ! La vie et le caractère de cet homme qui se colla à ma mère et à moi me révélèrent alors, lorsque je me confiai à un ami psychiatre, que j'avais affaire à un pervers narcissique. Bon, d'accord ! Que faire, alors ? Fuir ? Avec ma famille naissante (deux enfants en bas âge…), je n'eus pas le courage. J'attendis qu'il meure. Mais nos rapports furent exécrables jusqu'à sa mort. Et le jour où ma mère comprit que son secret de famille était éventé, à savoir que j'étais d'origine kabyle, grâce à un de mes fils qui lui écrivit : « Pourquoi tu nous as emmerdés avec cette histoire de Kabylie », elle me couvrit d'injures.

La dernière phrase de sa lettre était : « Tes parents te souhaitent d'être heureux sans remords pour leur vieillesse foutue ! »

Un détail immonde me revient : le jour où je fus appelé au service militaire et que je dus rejoindre mon régiment, ma mère m'accompagna vers 7 heures du matin au métro Levallois-Perret. Elle n'ignorait pas que son fils, qui devait se rendre en Algérie trois mois après ses « classes », était le fils d'un Algérien... Mais elle m'a laissé descendre les escaliers du métro, sachant très bien où j'allais. Mes dernières paroles furent, après un baiser furtif : « Tu ne pleures pas, hein ? Je te dis que je vais revenir ! »

Je ne connaissais rien du secret qui m'entourait. Je n'en avais aucune idée.

Je fis 77 jours et je fus réformé. Sur mon livret militaire, il est écrit : « Tempérament un peu artiste. A suivi des cours d'art dramatique ! ». C'est ainsi que je commençai une carrière internationale.

Tout cela après ma longue enquête qui s'acheva par la découverte d'un cousin, Mahmoud, qui m'invita chez lui, au dixième étage d'une grande tour à Saint-Denis. Son intérieur était bien rangé, avec de nombreuses cassettes. Il téléphona devant moi en Algérie, parla en kabyle, puis me tendit le téléphone et la voix me dit en français : « Oui, monsieur, vous faites bien partie de la famille, mon petit, vous êtes mon cousin, je viendrai à Paris et je vous raconterai tout ! »

Un détail me surprit : il roulait les « r » mais parlait bien la langue française. Quant à Mahmoud, il me proposa du champagne mais je n'osai pas, par pudeur. Tout cela allait si vite.

C'était le premier épisode de cette histoire invivable et personne n'en savait rien, je faisais des blagues au public, toujours le clown, et je cachais tout ce qui se passait chez moi, dans ma famille. Mais la question revenait sans cesse : « Pourquoi moi ? Pourquoi ? »

Et pour me calmer je pensais qu'il y avait certainement des êtres humains qui vivaient la même situation que moi et que je croisais dans la rue…

Alors pourquoi me plaindrais-je ?

Cet instant était trop beau. C'était ma nouvelle naissance. Quelle chance j'avais ! Je pensais : « Il y en a tant qui voudraient naître ! »

J'en arrivai à cette conclusion toute simple : mon exemple prouvait que l'on pouvait naître à tout âge ! Il suffisait d'attendre cinquante-cinq ans comme moi.

La rupture avec ma mère fut violente et définitive. Ma première trahison. Albert Camus avait écrit : « Tout homme qui ne pleure pas à l'enterrement de sa mère risque d'être condamné à mort… »

Comme chacun d'entre nous, avec pleurs ou sans pleurs. Mais comment vivre avec ce malaise ? Je fis plusieurs tentatives afin de percer le secret de mes origines. Sans résultat, tant ma mère me terrorisait. Je contournais les phrases parfois. Je disais « le géniteur »…

Un jour, je lui dis : « Tu n'es pas la Vierge Marie ! »

Rien n'y fit. Elle restait muette ou répondait : « Mais Robert, c'est ton père, il n'y en a pas d'autre ! »

Je n'insistais plus. Jusqu'à ce que Christophe, mon fils aîné, excédé par ce malaise familial, adressât cette lettre définitive exprimant sa colère devant la conduite de sa grand-mère. Il s'ensuivit une longue lettre de son faux grand-père lui demandant des explications :

« Qu'est-ce que tu lui as dit ? Elle ne parle plus ! Le docteur est venu trois fois. Réponds ! »

Dans une revue de psychologie, j'ai lu que, parfois, il vaut mieux garder un secret que de le révéler et que cela peut faire moins de mal. Trop tard. Je vivrai la suite de ma vie avec cette révélation à laquelle je pense quotidiennement. Ai-je mal fait ? Ai-je bien fait ? Personne ne le sait réellement ! Personne. Des millions d'êtres humains ne connaissent pas leur père et ne vivent pas tranquilles malgré l'apparence qu'ils se donnent. J'ai fait ce que j'ai cru bon et je ne le regrette pas. Peut-être aurais-je dû réagir plus tôt ? Chacun jugera. Mais je ne plaide pas « coupable ». Ce serait trop facile. Je ne fis plus aucune tentative pour recevoir des explications. Aucune. Je ne la revis pas, mais j'avais de ses nouvelles par une association familiale. Inutile de dire que cette rupture m'obsédait. Après la rupture, je craignais que Robert vienne me tuer devant le portail de la maison que j'habitais à l'époque. Mais les jours et les années passèrent. Heureusement, je fus invité à une croisière sur le *Mermoz* qui faisait son ultime traversée. Nous partions pour le Yémen, mon épouse et moi. C'est elle qui décrocha pour le dernier coup de téléphone. À la voix de ma mère, elle raccrocha. Je sais seulement que ma mère avait dit très vite d'une voix forte : « Il ne va pas bientôt arrêter ses conneries ? »

Elle parlait de moi, bien sûr ! Je compris qu'elle avait peur. J'ai sans doute déjà raconté quelques épisodes de ma guerre familiale, car je sais qu'il n'y aura jamais d'interruption dans mon cerveau malade. Parfois, je crois avoir oublié ce drame et il revient sournoisement chaque fois que j'entends ou je lis le mot « Algérie ». Car il n'y a pas de *no man's land.* Pas de paix même fragile en moi. Je n'aurai jamais de moment d'apaisement. Donc j'écris, je fais le pitre, j'essaie de faire rire et, à ces moments-là, je n'y pense plus. Certains peuvent penser : « Il n'arrête pas de se plaindre sur son sort, de geindre... Il nous emmerde ! D'autres sont plus à plaindre que lui dans le monde ! »

Oui, ils ont raison de penser ainsi. Bien que j'essaie de m'intéresser à la marche du monde et de m'indigner des atrocités quotidiennes, j'en reviens toujours à ma propre histoire. C'est l'aventure la plus intéressante de ma vie. Un égoïsme pur ! Et je ne me sens pas coupable, c'est mon confort personnel. C'est pour cela que le titre de ce livre me correspond bien : *Autobiographie de moi par moi* !

Un de mes copains acteurs disait au cours d'une émission de télévision : « Moi, quand j'ai rien à dire, je dis que je suis d'origine modeste! » C'était Jean Carmet, qui fut bienveillant avec moi durant toute sa vie.

Quelle chance il avait! Moi, j'ai caché pendant des années ce drame encombrant et pesant avant de m'en délester. Je me suis créé une personnalité publique, plaisante ou non au fil des années et cela, je ne le regrette pas. C'était ma façon de me défendre et de tenter d'oublier. Et si cela touchait le public, tant mieux!

D'ailleurs à bien y réfléchir, mon histoire ne le concernait pas. Mais je dois dire que dans ma profession, je ne suis pas le seul à avoir caché pendant des années un secret de famille qu'ils révéleraient après des années de silence. Pourquoi? Parce qu'à un moment le sac de secrets est trop lourd à porter et qu'il faut bien soulager son âme. Une blessure qui ne se refermera jamais. Cet aveu arrive parfois tard dans la vie, comme si, pour mes descendants, le moment était venu de tout raconter. Une confession ultime et intime. Ce que j'ai fait! Tout en ayant à l'esprit qu'un romancier n'écrit jamais que sa propre histoire au fil de ses œuvres. Histoire réelle ou inventée.

Je ne me rappelle pas si j'ai évoqué mes chiens, mes amours de chiens. J'en ai eu deux, adorables. Ils m'ont accompagné trente années de ma vie. Le premier s'appelait Flipper, c'est mon petit garçon qui lui donna ce nom, car à son âge il était encore à l'époque de *Flipper le dauphin.* C'était un border collie, mignon, un chien qui voulait travailler; en Angleterre, c'est une race qui rassemble les moutons. Et lorsque nous étions tous réunis en famille, si nous ne faisions pas attention à lui, si on le négligeait, il nous tirait en nous mordillant la manche, ce qui voulait nous signifier : « Occupez-vous de moi, je veux travailler ! Je m'ennuie ! »

Adorable chien qui n'avait qu'un seul défaut : il aboyait sans cesse si un quelconque événement survenait dans la famille. Ses aboiements se déclenchaient instantanément lorsque nous chahutions ou si l'on élevait la voix et nous nous disputions, comme je pense dans toutes les familles ordinaires. La mienne était extraordinaire, car nous nous disputions pour un oui ou pour un non. L'objet de nos disputes était dénué d'intérêt, donc il n'y en avait pas, mais nous en avions pris l'habitude. Et si une journée passait sans dispute, l'atmosphère devenait morose, mais heureusement que le bon vin de la bonne treille réchauffait l'atmosphère durant le dîner, là où les discussions s'envenimaient, jusqu'à ce que notre bon border collie demandât à rentrer avant dix heures chez sa bonne maîtresse, la reine Isabeau d'Angleterre. Auparavant, il rassemblait mes moutons, j'en avais trois. Puis après un dernier aboiement qui signifiait « bonne nuit ! », nous nous endormions. Je dormais avec un agneau de deux mois qui me tenait chaud ; ma femme, quant à elle, dormait avec un vieux bélier qui ronflait très fort ! C'était ma vie avec mon border collie ! J'ai écrit cela afin de ne pas les oublier, jamais. Dix-huit ans de vie lui furent accordés par le Créateur animalier.

Mon second chien, nous allâmes le chercher chez un éleveur très sympathique, qui nous présenta « Freya », déesse nordique : c'était un berger blanc américain d'une incroyable douceur, mais prête à mordre et attaquer si elle sentait que ses maîtres étaient en danger. Elle nous aima et nous aussi, jusqu'à sa fin, où je l'accompagnai chez notre vétérinaire. J'ai pleuré mes chiens abondamment.

Qui n'a pas pleuré les siens ?

En ce qui me concerne, chaque jour qui passe, je trouve formidable d'être comme je suis, de très bonne humeur en me levant, le malheur ne m'atteint pas !

TABLE

DU MÊME AUTEUR
AU CHERCHE MIDI

Mon avis sur tout, 2020.
Tu ne sauras jamais combien je t'aime, 2018.
Madame B., ma seconde mère, 2012.
Délires, 2010, 2015.
Lettres d'adieu, 2005.
Les Pensées, 2003, 2005.
Éloge du moi et autres pensées, 2001 ; Hors Collection, 2006.
Un couple de notre temps, roman satirique, 2000 ; Pocket, 2002.

AUX ÉDITIONS DENOËL

Le Passé sous silence, 1998 ; Folio, 2001.
Sodome et Virginie : tragédie nécro-spirituelle en trois actes (ill. Jacques Tardi), 1996.
Le Pont de la révolte, 1995 ; Folio, 1997.
Mesures d'urgence pour une société plus chaleureuse même en hiver, 1986.
Coco belles-nattes, 1985 ; Folio, 2003.

CHEZ D'AUTRES ÉDITEURS

Bestiaires pour tous : dernières nouvelles animales, Le Castor astral, 1999.
Flippou, le chien (en collab. avec Yette Prévost), Les 3 orangers, 1998.
Journal intime. Les années de réflexion, 1939-1995, Verticales, 1997.
Journal intime et inutile d'une vie banale, 1939-1988, Michel Lafon, 1988.

MIXTE
Papier issu de sources responsables
FSC® C003309

L'éditeur de cet ouvrage s'engage dans une démarche de certification FSC® qui contribue à la préservation des forêts pour les générations futures.

Pour en savoir plus :
www.editis.com/engagement-rse/

Cet ouvrage a été achevé d'imprimer en avril 2022
dans les ateliers de Normandie Roto Impression s.a.s.
61250 Lonrai
N° d'impression : 2201881

Imprimé en France